U0590116

财务
数据价值链

数据、算法、分析、可视化

陈虎、孙彦丛、郭奕、赵旖旎◎著

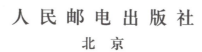

人民邮电出版社

北　京

图书在版编目（CIP）数据

财务数据价值链：数据、算法、分析、可视化 / 陈虎等著. -- 北京：人民邮电出版社，2022.7（2022.8重印）
（管理会计能力提升与企业高质量发展系列）
ISBN 978-7-115-59008-4

Ⅰ. ①财… Ⅱ. ①陈… Ⅲ. ①财务管理－数据管理－研究 Ⅳ. ①F275

中国版本图书馆CIP数据核字(2022)第052413号

内 容 提 要

影响决策的核心因素是信息。在全新的变革时代中，成功的企业往往是那些能够将复杂的数据和算法模型转变为价值创造工具的企业。本书创新性地提出了数据价值链的概念，认为财务部门需要面向业务需求，有针对性地提取、组织并利用数据，从而盘活数据资产、开发数据功能、发挥数据价值，通过科学直观的视觉表现形式清晰传达数据分析结论，实现数据向信息、知识、智慧的逐步升华，最终赋能企业经营决策。本书通过详细的讲解及丰富的案例展示了业务需求分析、数据采集、数据清洗、数据探索、数据算法和数据可视化六大步骤的核心思想及方法，从而顺利实现企业数据的蜕变，赋能经营决策。

本书内容充实，贴近实务，适合企业的中高级财务人员及所有想要了解财务数据价值链及学习财务数据分析与可视化相关知识的读者。

◆ 著　　　陈　虎　孙彦丛　郭　奕　赵旖旎
责任编辑　刘晓莹
责任印制　周昇亮

◆ 人民邮电出版社出版发行　北京市丰台区成寿寺路 11 号
邮编　100164　电子邮件　315@ptpress.com.cn
网址　https://www.ptpress.com.cn
涿州市京南印刷厂印刷

◆ 开本：700×1000　1/16
印张：19.5　　　　　　　2022 年 7 月第 1 版
字数：280 千字　　　　　2022 年 8 月河北第 3 次印刷

定价：108.00 元

读者服务热线：(010)81055296　印装质量热线：(010)81055316
反盗版热线：(010)81055315
广告经营许可证：京东市监广登字 20170147 号

管理会计能力提升与企业高质量发展系列丛书
编委会

丛书总主编

王立彦　李刚

编委（按姓氏音序排列）

陈虎　陈晓敏　邓莹　龚莉　郭奕　胡玉明　黄怡琴　李留闯　李慭劼

李宪琛　齐建民　沙秀娟　宋环环　孙彦丛　田高良　田雪峰　王满

王兴山　张晓涛　赵成立　赵旖旎　周一虹

实务界编委（按姓氏音序排列）

邓国攀　刘庆华　路遥　王逸　徐昊　杨继红　于滟　祝箐

序 1

　　管理会计师对于企业的财务健康至关重要，他们不仅是价值的守护者，更是价值的创造者。随着可持续发展日益受到重视，企业从关注利润增长转向提升多个利益相关者的利益，管理会计师在维护和提升企业声誉方面承担着重任。与此同时，数字化时代下，企业在战略规划、创新和风险管理等领域也对管理会计提出了更高的要求。提升管理会计师的能力素质已成为企业发展的重中之重。

　　《IMA 管理会计能力素质框架》是 IMA 管理会计师协会基于市场和行业趋势变化，经过深入研究和全面分析管理会计行业所面临的挑战，围绕管理会计师所必备的能力素质提出的指导性实用体系，不仅有助于个人提升职业竞争力，还能帮助组织全面评估、培养和管理财会人员队伍。IMA 此次与人民邮电出版社合作，正是基于这一框架开发了管理会计能力提升与企业高质量发展系列图书，结合中国本土实践，对数字化时代下管理会计师所需的知识与技能进行了详细讲解。各类企业，不论是国有企业、私营企业还是跨国企业，其管理者和财会人士都必定会从本系列图书中直接获益。

　　本系列图书的作者既包括国内深耕管理会计多年的高校财会专业教授，又包括实战经验丰富的企业财务掌门人与机构精英。同时，IMA 还诚邀多位知名企业财务高管成立实务界编委会，为图书策划和写作提供真知

灼见。在此，我谨代表 IMA 管理会计师协会，向本系列图书的作者、实务界编委、人民邮电出版社以及 IMA 项目团队的成员表示感谢！我们希望通过本系列图书的出版及相关宣传活动，大力推动中国本土管理会计实践的发展，助力企业和中国经济高质量发展！

IMA 管理会计师协会总裁兼首席执行官

杰弗里·汤姆森

2022 年 3 月 28 日

序 2

　　科技革命推动着财务不断演变。如今，世界正处于从工业经济向数字经济转型过渡的大变革时代，以大数据、云计算、机器学习为代表的新兴数字技术，正改变着财务，也为财务数字化转型提供了技术支撑。《财务数据价值链：数据、算法、分析、可视化》正是中兴新云团队在财务数字化变革领域的探索与实践。

　　财务部门是企业天然的数据中心。在数字化时代，如何让数据成为有价值的信息，以最大限度地发挥数据作用，是财务数字化的核心要务。但是，财务还存在数据困境与决策困境两大挑战。第一，数据困境：财务部门汇聚企业从前端业务到后端财务管理的大量数据，但是，以往财务在数据集成、数据标准、数据质量、主数据、数据安全等诸多方面存在巨大痛点。这些问题严重阻碍数据的汇聚、共享和应用。第二，决策困境：经营管理中不同决策的制定都依赖于科学的模型，模型是由数据和算法提炼而来。但过去财务面对业务情况复杂、规则常变、需求不明确、维度多重的经营决策需求时，缺乏大量的数据集成与多样的算法构建能力，难以发挥决策支持与驱动的作用。这些困境导致财务在面对大量数据时，有做不完的表，理不清的数，但依然"说不透"现在，"看不清"未来。

　　要破解困境，财务需要引入数据科学的理念，并充分利用数字技术，搭建以数据治理、数据价值链、决策场景为核心要素的数据价值体系，以高质量数据为基础，通过对数据进行采集、处理、分析、展示，挖掘数据价值，赋能企业不同的决策场景。其中，将数据转变为价值的一系列过程，正是这本书中提出的"数据价值链"的概念。书中以数据价值链为核心内容，通过透彻的知识解析和丰富的实践场景，讲述了随着企业数据量的不断增大、数据采集处理能力的快速演进，财务可以通过数据采集、数据清洗、数据探索、数据算法、数据可视化等一系列过程，为业务部门与经营管理决策提供数据产品与服务。

随着数据价值链在财务领域的应用，我们将欣喜地看到未来财务的变化：财务的能力在不断扩展，财务不仅专注自身专业职能，更有能力深入业务与管理决策，实现价值创造；财务部门将会围绕数据相关的工作衍生出来全新的岗位，比如数据分析师、数字化工程师等等，未来的财务会成为企业数据的分析者和企业经营状况的描绘者；财务人员也需要不断地优化自身能力结构，学习数据科学，发展成为符合企业需要的、懂会计规则＋懂管理方法＋懂技术工具＋懂数据科学＋懂商业战略的"五面"俱到的综合型人才。这些改变，令人期待，也是这本书能够带来的启发。

未来的世界一定是数字化的世界。财务部门需要尽快转变思维，提高数据素养，成为数字化先锋。衷心希望《财务数据价值链：数据、算法、分析、可视化》这本书可以帮助更多的财务人员、财务组织主动拥抱变革，推动财会行业真正走进数字化时代。

中兴新云高级副总裁

陈东升

2022 年 4 月

在学习和实践中提升管理会计能力

中国管理会计理论和实践自 2014 年以来进入快速发展轨道，各种管理会计工具方法在微观层面企事业单位的应用，正在日益加速、拓宽和深入，在企业转型升级、全社会高质量发展进程中发挥着重要作用。

当今社会信息技术迅猛发展，会计职业在互联网、大数据、人工智能等新技术业态的推动和加持下，信息采集、核算循环、数据存储、整合表达等方面持续发生变革，为管理会计在企业广泛运用和助力企业价值增长，奠定更坚实的算力基础、更有效的管理和决策支持。

随着《财政部关于全面推进管理会计体系建设的指导意见》以及《管理会计应用指引》等一系列规范指南的陆续出台，管理会计人才培养体系的建设和管理会计的应用推广，得到各界高度重视。应当看到，从目前中国管理会计发展情况看，管理会计师作为会计领域的中高端人才，在企事业单位仍存在着巨大缺口，庞大的财务和会计人员队伍，面临着关键职能转型压力：从核算型会计转向管理型会计。

IMA 管理会计师协会 2016 年发布《IMA 管理会计能力素质框架》，在管理会计领域广受认可，广为好评，被视为权威、科学、完整的技能评估、职业发展和人才管理标准，为中国及其他国家管理会计能力培养体系的构建提供了重要参考。这个框架文件在 2019 年得到重要的更新升级。

为加快促进中国管理会计体系建设，加强管理会计国际交流与合作，实现取长补短、融会贯通，IMA与人民邮电出版社共同策划、启动"管理会计能力提升与企业高质量发展系列"丛书项目。该丛书设计以《IMA管理会计能力素质框架》为基础，结合中国管理会计实际发展需求，以管理会计队伍能力提升为目标，以企业管理需求为导向，同时兼顾会计专业教育和研究。

本套丛书分为两期建设。第一期八本，选题内容覆盖和涉及管理会计从业人员工作中需要的各项能力，力求理论与实务兼备，既包含实务工作中常见问题的解决方法，也有经典的理论知识阐述，可帮助管理会计从业人员学习和完善自身各项能力，也能为积极推进转型的财务人员提供科学的路径。

在图书作者配置方面，体现学术界和实务界合作。本套丛书的作者均在管理会计领域深耕多年，既有理论深厚、指导体系完备的高校资深导师，又有紧贴一线前沿、实战经验丰富的企事业单位负责人，合力打造体系完整、贴近实务的管理会计能力提升新形态知识图书，推动企业管理会计人才建设及人才培养，促进企业提质增效。

作为新形态管理会计专业读物，本套丛书具备以下三大特点。

第一，理论与实务兼备。本套丛书将经典的管理会计理论与企业财务管理、经营发展相结合，内容均是从实践中来，再回归到实践中去，力求让读者通过阅读本套丛书对自身工作有所得、有所悟，从而提升自身工作实践水平。

第二，体系完备。本套丛书选题均提炼自《IMA管理会计能力素质框架》，每本图书的内容都对应着专项管理会计必备能力，让读者体系化地学习管理会计各项知识、培养各项能力，科学地实现自我提升。

第三，形态新颖。本套丛书中大部分内容配套以微视频课程，均由作者精心制作，可让读者有立体化的阅读体验，更好地理解图书中的重难点内容。

天下之事，虑之贵详，行之贵力。管理会计具有极强的管理实践性，既要求广大财务从业人士学习掌握理论知识，还要积极转变传统财务思维，将理论运用于实践，进一步推动财务与业务融合，更好地助力企业高质量、可持续发展。本套丛书不仅是一系列优质、有影响力的内容创作与传播，更是为财务行业发展及人才培养提供智力支持和战略助力。我们希望与广大读者共同努力，系统、全面地构建符合中国本土特色的管理会计知识体系，大力促进中国管理会计行业发展，为企业高质量发展和中国经济转型做出积极贡献。

北京大学光华管理学院教授 王立彦

IMA 管理会计师协会副总裁、中国区首席代表 李刚

2022 年春于北京

以"大智移云物"为代表的新一代数字技术推动全球步入 DT 时代。随着工业经济向数字经济的加速演进，数据正扮演着举足轻重的角色，各行各业都面临着机会和挑战并存的局面。

周期性的技术改革已成为财会行业面临的常态。在以往面临与技术进步和创新相关的挑战时，财会行业表现出了极强的适应能力，能够利用技术支持自身专业技能的完善与升级。回顾过去，我国财会行业经历过三次巨大变革：第一次是会计电算化的普及；第二次是 ERP 促进业务财务一体化，完成业务操作的同时，自动生成会计凭证；第三次是财务共享服务中心的建立，实现了财务基础业务的"四化"——专业化、标准化、流程化和信息化，使得财务可以不再仅埋头于"票账表钱税"，转而承担更多管理会计的工作。在 DT 时代，财务的第四次变革——财务数字化，正悄悄到来。

行业、市场、产品、商业模式、定价策略和资源投放等一系列决策场景的有机结合构成了企业的经营价值体系。影响决策的核心因素是信息。在全新的变革时代中，成功的企业往往是那些能够将复杂的数据和算法模型转变为价值创造工具的企业。这些企业通过建立可用、可靠的数据基础，以强大的算法、算力作为支撑，建立数据基础、指标体系、决策模型之间的有机联系，及时有效地洞察数据。作为企业的数据部门，财务部门需要进行数字化转型，成为企业的数据中枢和经营顾问，为企业经营管理提供数据见解。

在第三次变革中，财务共享服务中心的建立改变了财务的基础工作，但是财务部门仍然需要与各种数据打交道，要处理大量的表格、对外提供大量的数据。财务部门至少要出具五套报表：一是按照公认的企业会计准则出具法定会计报表，二是按照收付实现制的原则出具资金报表，三是出具税务规则体系下的纳税申报表，四是出具对外报送的统计类报表，五是出具企业绩效考核报表和经营分析报告等内部报表。同时，财务部门还需要为企业经营管理提供大量的数据和分析，管理者多变的需求、多样的场景、复杂的数据算法导致财务部门在取数、用数、算法应用等方面面临许多难题。

"不日新者必日退。"在此背景下，实现 IT 思维到 DT 思维和能力的升级对财务来说至关重要。其中有两点需要深入思考：一是作为企业的数据部门，财务部门在数据难获取、不可用的困境下，如何保障数据质量；二是在有数据基础的条件下，如何挖掘数据价值，真正支持企业的经营和管理。本书能够为以上问题提供解决方案。本书创新性地提出了数据价值体系，认为企业需要依靠持续的数据治理保障企业数据质量，通过数据价值链获取数据见解，为各类决策场景提供支撑。一方面，企业需要构建数据治理体系，因此，财务要关注元数据管理、主数据管理、数据质量管理等内容；另一方面，企业需要搭建数据价值链，将杂乱无章、零散的数据转换为有价值的知识和智慧，在数据科学和数字技术的支撑下，财务可以通过数据价值链将数据沉淀为资产，形成数据服务和数据产品并输送给各个业务部门和管理层，辅助经营管理决策和价值创造。

数据价值链是本书的核心，是中兴新云团队提出的全新概念，也是未来财务部门需要关注的事情。数据价值链是指财务部门需要面向业务需求，有针对性地提取、组织并利用数据，从而盘活数据资产、开发数据功能、发挥数据价值，通过科学直观的视觉表现形式清晰传达数据分析结论，实现数据向信息、知识、智慧的逐步升华，最终赋能企业经营决策的一系列过程。数据价值链以业务、数据、技术为三大核心要素，通过业务需求分析、数据采集、数据清洗、数据探索、数据算法和数据可视化六大步骤实现数据的蜕变。在这个过程中，业务需求分析就像顾客在餐厅点菜；数据采集是买菜，根据需要准备原材料；数据清洗是洗菜，通过清洗去除杂质；数据探索是切菜，从多个角度对数据进行剖析和探索，了解数据的各项特征；数据算法是炒菜，构建数据算法模型，对原材料进行有效组织及深度加工，烹饪菜肴；最后，数据可视化是装盘和上菜，组成一桌色香味俱全的菜肴，满足客户的数据分析需求。

　　财务部门的日常工作中有一条极简数据价值链：从原始凭证的获取及审核，到将原始凭证转换为记账凭证、明细账，再到建立账务之间的关联关系并形成报表，最后根据报表进行分析，并将分析结果以表格、报告等形式呈现给内外部的数据使用者。这条极简数据价值链更多地关注原始凭证、会计科目等财务基础性工作范畴内的数据和业务。而未来，财务数据价值链要关注的是企业的经营管理过程。企业要在财务共享服务中心的基础上构建企业数据中心，满足企业的数据需求，用数据支持企业的经营管理、支持企业的决策场景，借助数据价值链，不断地用数据这种原材料来生产企业需要的信息，实现财务的数字化转型。财务人员也不再局限于会计或者财务分析师的身份，而是具备成为业务伙伴和企业战略顾问的能力，能够综合利用专业知识、业务逻辑、数据、技术和管理软技能，将财务资本和数据资产转化为智慧资产。

◆ **本书知识结构**

本书共有 8 章。

　　第 1 章"DT 时代的变革"，介绍了 DT 时代数据的重要性和企业对数据的渴望，明确财务部门在企业管理中的定位以及 DT 时代财务的"变"与"新"。

　　第 2 章"数据价值体系"，提出数据的两类价值及为了释放数据价值企业需要建立的数据价值体系，着重介绍了数据价值体系所包含的三个部分——数据治理体系、数据价值链和决策场景，并总结了数据价值体系的保障和基础。

　　第 3 章"数据价值链"，围绕数据价值链的六大步骤详细展开，分别对业务需求分析、数据采集、数据清洗、数据探索、数据算法、数据可视化的含义、原则和方法等方面进行阐述。

第 4 章"数据采集"，聚焦数据采集环节，明确数据源的分类，对财务数据源进行再定义与扩展，介绍不同情境下的数据采集工具和方法，总结 DT 时代下数据采集的特点。

第 5 章"数据清洗"，围绕六大数据质量问题展开，分别介绍对应的数据清洗方法，并介绍数据清洗的五类主要工具。

第 6 章"数据探索与数据算法"，进一步阐明数据探索与数据算法背后的原理性知识，包括描述数据特征、理解统计基础、认识数据算法以及了解常用工具。

第 7 章"数据可视化"，介绍数据可视化的 12 种基本图表、5 种展现逻辑和 7 种主要实现工具。

第 8 章"哈斯汽车：如何开展数据分析与可视化项目"，介绍如何逐步完成一个数据分析与可视化项目。该案例模拟了真实的咨询项目全过程，通过详细展开需求分析、采集数据、清洗数据、数据分析与可视化、沟通结果这一系列过程，帮助哈斯汽车管理层制定"数据驱动"的经营策略。

本书聚焦数据价值链，用非专业技术人员能够理解的技术语言，系统且详细地介绍了数据价值链各步骤的内涵、应用场景、实现工具等内容，并以场景化的案例、知识延伸阅读等形式帮助读者加深理解，为重塑新时代的财务价值提供方法，促进财会行业思想变革和认知更新，推进财务专业能力与数字化、新技术的融合，为财务数字化转型提供支持。本书适合企业管理者、财会专业人士、财会专业教师和学生以及其他对数据分析、数据可视化和财务数字化感兴趣的读者阅读。

◆**致谢**

本书是集体智慧的结晶，其顺利著成离不开 IMA、中兴新云团队以及出版社各位老师的高效协作和共同努力，在此谨向所有为本书提供过帮助的朋友致以真诚的感谢。

感谢 IMA 与人民邮电出版社策划了"管理会计能力提升与企业高质量发展系列"丛书，以及在本书案例编写上给予的大力支持；感谢中兴新云高管团队的杨利明、陈东升在中兴新云数字化方案及产品的设计与研发中做出了巨大贡献，并为本书提供了关键指导；感谢中兴新云咨询团队、财务数字化中心、研发团队和实施团队秉承精益求精、勇于创新的精神，在项目实践过程中促进了产品的不断创新与迭代；感谢中兴新云知识研究团队不断探索与总结，特别是在本书写作过程中给予支持的晏瑜、朱睿、何薇、肖宋、仵芳、崔倩等人，他们为本书的顺利撰写贡献了力量；感谢人民邮电出版社刘晓莹女士为本书出版做出的努力。

"文章合为时而著，歌诗合为事而作。"在 DT 时代，财务职能和财务工作方式作为企业经营管理的重要部分，正在经历重塑。本书聚焦财务的最新变革，由衷希望能为诸多财务专业人士带来启发，推动并实现"改变会计、再造财务"的愿景，赋能 DT 时代的企业经营管理。

目录

3 第3章
数据价值链

4 第4章
数据采集

5 第 5 章
数据清洗

6 第6章
数据探索与数据算法

7 第7章
数据可视化

8 第8章

哈斯汽车：如何开展数据分析与可视化项目

结 语

重塑 DT 时代的财务价值

1

DT 时代的变革

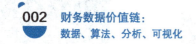

步入 DT 时代

从 IT 到 DT 的变迁

　　IT（Information Technology，信息技术）是一项以电子计算机和现代通信为主要手段，实现信息的获取、加工、传递、利用等功能的综合技术[①]。以硬件设备、软件应用、互联网等为基础，IT 自出现以来就成为时代变革的重要驱动力。

　　随着 IT 的不断迭代升级，以及移动物联网、智能终端和各类传感器的普及，数据规模开始呈现爆发性增长并逐渐渗透至每一个行业和产业领域。IDC（International Data Corporation，国际数据公司）预测，2025 年全球数据量将达到 163ZB[②]。量变引起质变，对于愈加大量、实时、高速、多样化的数据，传统信息技术已无法满足企业对数据存储、传输、处理等方面的需要，大数据、云计算、人工智能等新兴技术因而崛起，人类社会逐渐从 IT 时代步入 DT 时代。

　　DT（Data Technology，数据技术）是对数据进行存储、清洗、加工、分析、挖掘的技术。DT 以数据为核心，将数据作为生产资料，实现对数据的深入挖掘和动态运用，使数据可以在生产、生活的决策闭环中发挥作用。

　　从表面上看，IT 和 DT 的不同似乎仅在于技术，但本质并非如此。

---

① MBA 智库.信息技术 [EB/OL].
② 中国信息通信研究院,美团,北京市君泽君律师事务所.数据治理研究报告（2020 年）：培育数据要素市场路线图 [R].2020.

IT 时代以自我控制、自我管理为核心，是对过去数据和信息的静态发现，并以此解决当前所遇到的问题，通过基础设施和信息系统建设解决流程和效率的问题；而 DT 时代以优化决策、激活生产力为主，通过分析历史数据、把握现时数据、预测未来数据，进而实现数据赋能，从而思考未来、创造未来。因此，从 IT 到 DT，不仅是技术工具的升级，还是思维方式的变革（如图 1-1 所示）。DT 的出现，使得数据能够帮助人们提升洞察力和决策力，极大程度地改变人们的生活方式、工作方式、思考方式、决策方式，帮助人们从海量数据中发现新知识、创造新价值、培育新能力、形成新业态。毫不夸张地说，在 DT 时代，数据成为改变人们生产生活的重要因素，成为发展生产力和服务大众的基础设施。

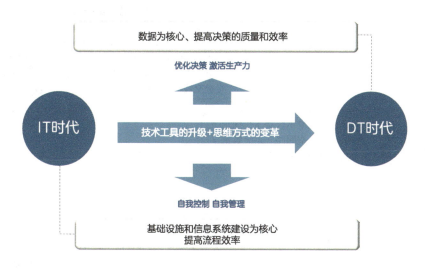

图 1-1　从 IT 到 DT 的变迁

DT 时代，数据为王

（1）两段有趣的对话：无处不在的数据

对话一如图 1-2 所示。

李美和周楠是同事关系。某一天早晨，她们在电梯间碰到了。

李美

楠楠，早上好！我发现你最近来得都挺早，你是不是搬家了？

没有呀，最近交通部门在早高峰和晚高峰都加了地铁班次，所以我每次都能及时乘上地铁，不像以前要等好久才能乘上车。

周楠

哇，这对打工人来说可真是一件好事！但是交通部门怎么确定地铁增加的班次呢？

李美

我前几天看咱们城市交通运输厅发布的新闻，说是根据大数据平台上的数据，通过专家经验和模型算法发现了我们的出行规律，从而对症下药，缓解上下班高峰期公共交通乘车难、换乘距离长以及部分地区公交线路空白等问题。

周楠

难怪最近我家小区楼下也增加了一条新的公交线路。那大数据平台的数据都从哪里来呢？

李美

新闻上说，主要将个人的出行信息，如公交卡、乘车码等信息，结合公共交通站点周边小区、工业园区以及写字楼等工作场所的人数进行综合测算，最终确定公共交通线路优化、班次设置等方案。

周楠

原来如此！所以我们平时出行时刷的公交卡、乘车码是帮助优化城市公共交通布局的有力工具啊！

李美

图1-2 对话一

对话二如图 1-3 所示。

张刚是一家线上购物平台的某生鲜产品旗舰店的店长。一年一度的购物节即将到来,由于平台对生鲜类产品的温度、保质期都有严格的要求,所以需要精准控制备货量。往年备货不准确给店铺造成了很多损失,为了确定此次购物节的备货量,张刚把销售经理王乐叫到了办公室。

张刚

小王,购物节就快到了,店铺今年的备货量定了吗?

已经安排好了,张总。今年共计备货 X 万件,其中 A 系列产品 m 件,B 系列产品 n 件,C 系列产品 p 件……

王乐

张刚

做市场分析了吗?咱们生鲜类产品性质特殊,备货过多或者过少都会影响业绩。

张总放心,我们今年不靠主观判断,而是靠丰富的用户历史行为数据来备货。

王乐

张刚

详细说一下。

好的。大数据分析系统能实时监控商品被加入购物车的数量明细并预测销量,还可以分析历史退单率情况、各系列产品销量及好评率情况,我们则根据这些数据进行备货和宣传。

王乐

图 1-3 对话二

李美和周楠发现自己平时生活中刷卡乘车、扫码乘车等行为，不仅方便了自己的出行，也为城市公共交通的规划、部署、调整、优化贡献了数据。张刚和王乐通过对消费者购买数据的分析，实现了生鲜类商品的精准备货。可以看到，在 DT 时代，不管是人们的日常生活，还是企业的生产经营，数据已成为必不可少的一部分。

（2）数据像土地一样重要

在数字经济时代，数据体量飞速增长，驱动着各行各业重新对数据进行解读。当数据累积的速度不断加快、数据涵盖的领域不断延伸、数据资源的储量不断增加时，如何将数据从资源转化为资产，成为每个具备战略眼光、考虑长远发展的企业所必须正视的重大课题。

我们国家高度重视数据相关工作。2014 年，大数据首次被写入政府工作报告；2015 年 9 月，国务院印发《促进大数据发展行动纲要》，同年 10 月，党的十八届五中全会提出要实施"互联网＋"行动计划，发展分享经济，实施国家大数据战略；2016 年 3 月，"十三五"规划发布，提出要把大数据作为基础性战略资源，全面实施促进大数据发展行动；2016 年，工业和信息化部印发《大数据产业发展规划（2016—2020 年）》；2020 年，中共中央、国务院印发《关于构建更加完善的要素市场化配置体制机制的意见》（简称《意见》），数据作为新型生产要素被写入文件中，与土地、资本、劳动力、技术等传统生产要素并列为五大生产要素（如图 1-4 所示），《意见》还强调要加强数据资源整合和安全保护，提升社会数据资源价值。

图 1-4　数字时代下的五大生产要素

在万物互联的当下，数字经济生态基本覆盖了社会生产的方方面面，数据作为 DT 时代的产物，不只是单纯是经营活动的"副产品"，还是开发新型商业模式的基础资产和创造未来发展机遇的战略资源，其蕴含的巨大价值将对全社会发展起到重要的推动作用。而数据带给我们的改变也不胜枚举。

● **大数据防疫**：2020 年全球爆发新冠肺炎疫情，我国政府通过通信数据、出行数据、移动支付数据等追踪人员流动信息，从而有针对性地预测疫情趋势，防控疫情。人们也可以通过搜索引擎、社交网络、App（Application，应用程序）等来实时获取疫情动态。

● **大数据营销**：DT 时代下，企业可以基于用户的使用习惯、消费行为、用户属性等数据提取用户画像、区分用户形象、理解用户行为，进而利用精准营销的手段挖掘和维护核心用户。例如，盒马鲜生利用线上电商平台所累积下来的用户信息、快递地址、支付信息等实现对用户数据的深度挖掘，获悉门店用户流量，从而科学高效地实现选址和选品的布局，以及有针对性地宣传与推广品牌。

● **用户画像**：用户在日常浏览、消费的过程中，互联网企业基于用户的行为数据，通过关联分析、客户画像等算法和模型，给用户分类，有针对性地为用户推送信息，满足不同用户的不同需求，使得应用服务变得越来越智能。

● **大数据征信**：DT 时代下，信用抵押愈加普遍，我们可以通过分期付款来购买生活用品，凭借良好的信用即可无押金预订酒店、租车等。未来，我们在线上的消费数据、还款数据、社交数据等都将成为大数据征信的一部分，大数据征信能全方位考查个体还款能力及信用，促进全社会征信体系的健康发展。

● **大数据医疗**：大数据赋能医疗行业，也正在给医疗行业带来革命性的变化。例如，通过可穿戴医疗设备即可获取人类健康数据，通过建立个人电子医疗档案、分析临床试验注册数据等可以为药物研发、临床应用奠定大数据基础。

企业对于数据的渴望

当下，企业的外部环境和内部需求正在发生变化。从外部环境来看，日新月异的数字技术正重塑世界经济的方方面面，在国内大循环为主体、国内国际双循环相互促进的发展格局之下，我国经济正从高速发展向高质量发展转变，面对科技发展大趋势、市场演变大格局、行业变革大方向，企业须做好迎接外部风险与挑战的准备。从内部需求来看，面对复杂、波动的商业环境，利用数字化转型，挖掘数字红利，实现在管理、产品、商业模式、客户体验等各方面的数字化改造，成为企业寻求新发展的重要思路。

数字化转型的核心是实现数据驱动。而实际情况和历史实践经验告诉我们，虽然现在越来越多的企业把数据看作创造价值的核心资产，但是在过去，只有 10% 的数据被财务部门规范记录，90% 的企业经营管理数据"沉睡"在企业内外部的交易过程中（如图 1-5 所示）。

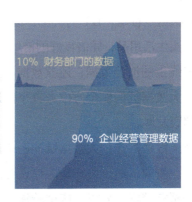

10% vs 90%：
10%的数据被财务部门规范记录，90%的企业经营管理数据"沉睡"在各处。

图 1-5　企业数据利用现状

　　企业在日常的生产经营活动中，存在海量数据。这些数据除员工信息、合同信息、供应商信息、客户信息、资金信息、税务信息、投资信息等内部数据外，还包括宏观经济数据、行业市场信息、政府信息、工商信息、风险信息等外部数据。很多企业之前并没有太关注数据的采集和利用，使得大量数据分散在企业的各个角落，既没有系统记录，也没有专门的部门来管理。随着市场竞争越来越激烈，企业对经营管理的精细化要求越来越高，企业迫切需要对被隐藏的 90% 的企业经营管理数据予以充分挖掘和利用，需要以数据为驱动力和核心要素，匹配新技术，通过高效科学的数据采集、数据清洗、数据挖掘、数据应用等手段，帮助自身提升业务洞察力和战略决策力，以及迅速适应新的行业发展和市场规则的能力，从而在 DT 时代实现新一轮业务增长和价值增值。企业经营过程中的数据类别如图 1-6 所示。

图 1-6　企业经营过程中的数据类别

数据驱动管理

　　数据驱动管理，即用数据来进行管理决策的一种管理方法，是企业在海量数据的基础上，利用大数据、机器学习和深度学习等技术，进行数据的科学管理、多元分析、深度挖掘，通过数据驱动业务发展的管理过程。从管理层次来看，用数据驱动的管理维度包括业务指导、营运分析、经营策略和战略规划。从业务逻辑来看，数据驱动管理体现在企业的生产、商品、营销、人事、财务、物流等各个业务环节中。数据驱动管理的维度分类如图 1-7 所示。

图 1-7　数据驱动管理的维度分类

　　企业在发展壮大的过程中，组织规模不断扩大的同时，沟通成本逐渐增加，通过信息系统建设可大幅提升管理效率。当企业拥有越来越多的信息系统，并且记录了大量的经营和管理活动的数据，就能够在这些数据基础上进行分析和挖掘，打破传统经验决策的经营管理模式，利用数据发现问题，发现事物发生的规律，以洞察机会、预知未来，从而用数据驱动管理，提高决策的准确性、及时性，提高业务运营效率和企业管理水平，实现企业价值最大化。

直面挑战

数据驱动管理改变了传统的经营管理方式，对企业内部而言是一场变革。在推进的过程中，企业需要面对战略和文化、组织架构、内部流程、IT 架构建设、技术应用、人才培养等多方面的挑战。

（1）战略和文化

数据驱动是企业层面的管理变革和创新，从实际情况来看，企业内部各方对数据变革的理念认识通常不充分、不全面。如果没有战略上的顶层设计，变革就缺乏统一性和系统性。首先，企业要制定明确的数据布局战略规划和目标，使企业未来都围绕数据驱动的战略来经营，从战略层面注重数据资产的积累和数据应用的经验沉淀。其次，企业还要向全体员工宣贯战略和目标，让全体员工都知道企业要进行什么样的变革，形成从管理层到员工思维意识的统一。

与此同时，要将数据文化纳入企业文化，要组织大量的培训，在企业内部形成说数据、看数据、用数据的习惯，将主观判断、经验和客观数据、规律、事实区分开来，在企业内部形成数据价值的传递体系和链条。

（2）组织架构

组织要以客户为中心，这几乎是所有企业在塑造组织架构时倡导和努力践行的原则，但是事实似乎并非如此。很多传统的组织架构以专业作为组织职能分工的基础，以能力作为组织层级划分的基础，而且在决策时需要层层汇报、层层审批，导致对客户的响应并不迅速。企业从经验决策转变为数据决策，意味着企业管理体系的重塑，数据将是一切管理流程、管理制度、管理方式、管理方法的源头，经营管理决策都需要依靠数据，而当前传统组织架构并不能够适应企业新的发展战略、管理理念。

因此，建立高度柔性的、扁平化的、网状化的新型组织架构（如图 1-8 所示）、组建新的数据团队、明确数据团队的职责以及和其他部门的协同合作，从而打造数据驱动型组织，实现更高的组织敏捷性、更快的组织决策能力、更紧密的组织合作、更强的创造力和自主性，是企业在实现数据驱动管理的过程中要面对的挑战。

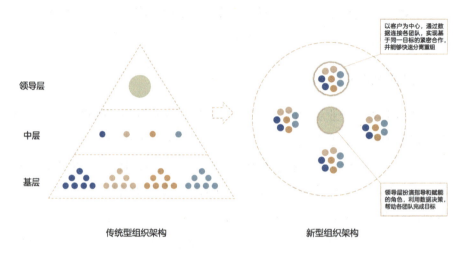

以客户为中心，通过数据连接各团队，实现基于同一目标的紧密合作，并能够快速分离重组

领导层扮演指导和赋能的角色，利用数据决策，帮助各团队完成目标

领导层　　中层　　基层

传统型组织架构　　　　　新型组织架构

图 1-8　企业组织架构的转变

（3）内部流程

在数据驱动下，企业各项业务工作流程都将经历变革。电子化、自动化的流程将去纸质化，减少人工干预。企业需要考虑重塑业务流程体系，明确新的流程及架构，制定科学、统一、规范的标准，将数据的采集、加工处理、挖掘分析、可视化展示等加入每个流程环节，如数据记录的格式、数据质量要求、数据报表规范、数据检查机制等。企业还需要建立有效的数字化流程管理机制以保证新业务管理体系的持续高效运营。

（4）IT 架构建设

企业在信息化建设的过程中，根据业务线建立了多个信息系统，但这种传统的烟囱式建设方式也造成了企业内部的数据孤岛，各个系统之间的数据无法互联互通，而且企业往往存在新旧系统并存、基础设施架构复杂、数据应用难度大的问题，无法很好地支撑企业经营决策以及应对快速变化的前端业务。

想要实现数据驱动管理，不仅要打通企业内部各个系统，还要打通内部数据与外部数据。因此，企业需要明确在新的数据战略理念引领下，怎样重构整个 IT 系统架构，建设可支持企业数字转型、智能升级、融合创新等发展需要的基础设施体系，进而促进 IT 投资与业务变革发展持续适配，满足企业高质量发展需求。

（5）技术应用

面对加速变化的未来世界，无论是传统企业，还是天然具有数据优势的数字原生企业 [①]，在技术从设计到应用的过程中，如果不能动态调整企业系统，就难以获得创新价值。在技术应用的过程中，企业往往会面临以下问题（如图 1-9 所示）。

● **技术选择**：如何快速了解前沿技术，以及如何在技术安全、可靠、易用与成本之间做出最佳选择？

● **技术应用**：如何快速实现各类技术在企业现有架构内的应用？

● **系统信任**：如何打造可信的 IT 系统，保证数据质量？

● **组织交易成本**：如何打破 IT 壁垒，将技术和创新成果在全组织内迁移、扩散和共享？

● **架构灵活性**：如何保证企业系统能够灵活应对不断迭代的技术以及日益复杂的外部环境？

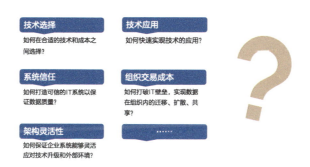

图 1-9　企业面对的技术问题

---

① 数字原生企业指在内外部运营中均依靠数字技术作为竞争优势的企业。

（6）人才培养

在推行和实施数据驱动管理的过程中，人才是企业重要的资源。然而，目前来看，在企业中，真正懂得数据驱动这种新兴管理理念，以及熟知大数据、人工智能等新兴技术的人才很少，很多企业虽然想推行管理变革，但是缺乏专业的人才，只能停滞不前，继续观望。

在 DT 时代，要想在激烈的市场竞争中获取竞争优势，实现高质量、可持续发展，企业必须重视并加快数据人才的布局和培养，同时在实施人力资源计划的过程中，重点考虑外部人才引进、内部培养等不同方式所需投入的成本与人才需求、收益之间的平衡。

DT 时代的财务变革

财务在企业管理中的定位

（1）经营管理过程中的财务职能

　　财务管理作为企业管理的重要环节，不仅要能够衡量企业的财务状况及经营成果，还要能够帮助企业优化资源配置，实现降本增效、助力战略计划落地。根据财务在企业中所从事的业务范围及服务对象，财务基本职能可分为财务会计和管理会计两部分。其中，财务会计注重核算、资金和税务，其业务内容可分为收入收款、员工费用、成本核算、采购付款、薪酬核算、工程资产、税务管理、资金管理、总账报表。而管理会计的主要工作是成本管理、绩效管理、预算管理、投融资管理、风险管理、经营分析等。

　　财务会计侧重于交易核算，在国家相关的会计法规、准则的基础上，对企业已经发生的业务活动进行记录，基于利益相关者的要求和需要出具各类财务报表。财务会计主要以事后记录为主，缺乏对未来的预测，尤其是会计科目通过层层收敛之后生成的报表信息更是缺乏大量的企业经营过程的信息，难以满足企业内部经营管理的需要。

　　管理会计则更加注重控制、报告和分析，强调财务对于业务和战略决策的支持作用。从实践来看，虽然管理会计在我国已经发展了较长的一段时间，但很多企业中大部分财务人员仍在从事财务会计的工作，可见管理会计在实务中真正发挥的作用有限。

IT 的快速发展，为财务职能的转型创造了可能。专业化分工和信息系统建设，使财务工作流程化、标准化、信息化，将财务人员从传统的财务基础工作中释放出来，转而成为企业的经营顾问和业务分析师，更多地从事管理会计相关工作。在 DT 时代，在新一代数字技术的支撑下，财务将成为企业数据的中枢，通过建立完善的数据价值链体系，将数据作为一种服务输送给各个业务部门和管理层，服务于企业内部管理决策和价值创造，进而更好地发挥风险管理、绩效管理、预算管理等管理会计职能。同时，在企业实现数据驱动及数字化的过程中，财务延伸出企业运营管理职能，即发挥运营监控和数字化建议的职能（如图 1-10 所示）。

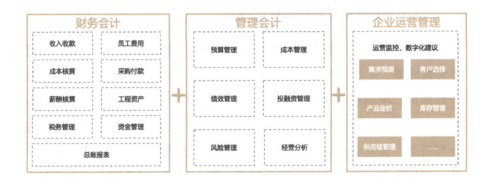

图 1-10　DT 时代下财务的全新职能

（2）新时代下的财务价值引擎体系

随着财务职能的不断丰富，财务在企业中发挥的价值变得多样化。随着新一代数字技术和财务场景的深度融合，财务将逐渐成为企业数据的生产者、管理者、应用者、提供者。以价值驱动为导向，财务正在形成以"价值衡量、价值反映、价值保护、价值创造"为核心的财务价值引擎体系[1]（如图 1-11 所示），助推企业战略及目标落地。

---

[1]　普华永道.智慧财务之望闻问切：诊断与指引财务数字化转型 [EB/OL].

图1-11　财务价值引擎体系

●**价值衡量**：承担核算管理的职能。通过建立并优化会计核算体系，精准衡量员工、设备、项目、产品的价值。

●**价值反映**：承担出具和管理报表的职能。通过构建多维价值反映体系，主动向企业内外部的不同角色提供精准的、可量化的、实时的价值信息。

●**价值保护**：承担如预算管理、税务管理、资金管理等管控的职能。通过预算管理、资金管理等内部控制及风险管理等有效手段，实现对企业的价值保护。

●**价值创造**：承担洞察业务、辅助决策的职能。通过业财深度融合，在最需要的时间，以最正确的方式将最可靠的信息传递给前端业务及各领域用户，全面把握经营状况及风险，最大化实现信息价值。

（3）技术驱动下财务的发展趋势

科技是人类社会发展的推动器，会计行业由此也历经了数次变革。从算盘、计算器、计算机，到 ERP（Enterprise Resource Planning，企业资源计划）系统的业务财务一体化，再到财务共享服务中心，是技术创新驱动财务不断向前发展，可见技术创新是推动变革的巨大力量。

财务的发展可以分成五个阶段（如图1-12所示）。第一个阶段是"账房先生"时代，通过算盘、账本完成企业经济活动的记录。第二个阶段是会计电算化，实质是通过小型的数据库和简单的财务软件来代替一部分人工的财务核算工作。第三个阶段是 ERP 的推出，推动了业务财务一体化时期的到来。第四个阶段是财务云，互联网的进一步推广和应用真正地打破了空间和时间的限制，分散的财务工作可以通过业务流程和信息系统的标准化、统一化实现集中处理。第五个阶段是财务数字化，用数字平台借助"大智移云物"等新兴技术深度挖掘数据价值，助力企业决策，实现财务的高阶转型。

以大数据、人工智能、移动互联、云计算和物联网为代表的新兴技术掀起新一轮财务变革，在共享服务的基础上，财务将更加自动化、智能化和数字化。技术的进步让财务部门有能力实现对与业务相关的全量数据的采集，让财务有能力进行数据的对比、预警和预测分析，发挥导航仪的功能，使企业能够预测未来趋势、合理制定战略决策，包括洞察业务、资源分配优化、经营预测、交易方选择和预警、现金流动态模拟等。财务将从会计科目的小数据集向大数据中心转型，帮助企业用数据去管理、用数据去决策、用数据去创新，成为企业的数字神经系统。

图 1-12 技术驱动下财务的发展阶段

DT 时代财务的"变"与"新"

DT 时代的到来带来了工具革命，也带来了决策革命。工具革命以自动化、智能化的方式让工作效率大幅提高，决策革命则以数字化的方式提高了决策的科学性、精准性。

财务作为企业的数字部门，在助力企业充分挖掘数据潜力的过程中，传统的财务观念、财务职能、工作方式都会发生变化；在不断寻求突破、进行价值创造的过程中，财务也产生了对新型技术应用、新型数据以及新型人才的需求。在 DT 时代，财务的"变"与"新"如图 1-13 所示。

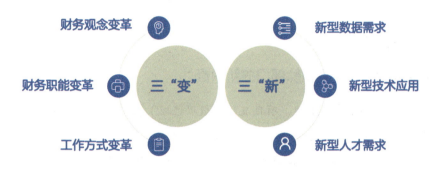

图 1-13 DT 时代财务的"变"与"新"

（1）财务观念变革

随着企业未来经营由流程驱动转变为数据驱动，财务共享服务中心也将逐步转变为 EDC（Enterprise Data Center，企业数据中心）。财务人员首先要转变思维方式，积极跟随时代的步伐，了解财务的最新转型趋势，培养数据思维，养成用数据来思考的习惯，以观念引导行为，学会善用数据说话。

（2）财务职能变革

在数字时代，财务部门在企业数据领域的职能和角色将进一步被拓展。ACCA（The Association of Chartered Certified Accountants，特许公认会计师公会）和上海国家会计学院的一项研究表明：接近 70% 的受调查者认为财务部门将是大数据平台重要的使用者，约 30% 的人认为财务部门应积极扮演好大数据平台的拥有者和管理者角色[①]。

　　未来，财务部门要完成从"后视镜"到"仪表盘"，再到"导航仪"的转变。正如前文所言，财务部门将从事后逐步走向事前，不仅要承担核算职能，而且要发挥管理会计和企业运营管理职能；不仅要关注"票账表钱税"，而且要能够支持日益复杂的业务经营，做到优化运营、赋能业务、洞察风险、支持决策，进而支持战略发展。

〈 案例卡片 〉

数据管理——财务职能部门的新职责[②]

　　Ian Betts（壳牌上游、项目及技术数据经理）在《大数据引领管理会计变革》报告的访谈中，分享了以下内容。

　　数据质量保证是壳牌努力实现卓越经营的重要保障。随着大数据时代的到来，壳牌愈发迫切地追求合乎目的的数据，保证企业的绩效管理切实有效。

　　而壳牌早已将前沿数据的质量保证问题纳入一系列企业流程中，其中就包括财务流程。为创造世界一流的业绩，壳牌将中央化数据的质量保证工作置于核心位置，以确保得到高价值的数据，这是财务职能部门的新职责。

　　壳牌对财务职能部门的期望是：提供高质量的数据，用合理的成本释放企业价值。该部门作为数据质量保证方，负责保证各类重要数据的质量（包括财务数据和非财务数据）。财务职能部门内部设有数据经理，目前负责数据质量控制工作，与业务伙伴一起识别关键数据，并执行有效的控制和报告机制，保证数据变动一次到位。

　　壳牌认为，这是财务职能自然而然的转变，壳牌在不断向信息和数据集成化管理迈进的过程中，需要控制和保证数据质量，而这项工作自然而然就落在了财务职能部门的肩上。

---

① 与 ②　ACCA, 上海国家会计学院 . 大数据引领管理会计变革 [R].2015.

（3）工作方式变革

技术的进步革新了人们的工作方式，使工作变得愈加便捷、高效。随着更多新兴技术在财务领域的深度应用，财务工作将采取更加线上化、无纸化、自动化、智能化的技术手段。以企业费用报销的工作流程变革为例，通过信息化再造，已经实现从手工报销到移动智能报销的跳跃式变革，财务工作得以高效准确处理的同时也为员工带来了更加便捷的报账体验。以深圳市中兴新云服务有限公司费用报销流程为例（如图 1–14 所示），微信卡包的电子发票可以即时导入票联系统；通过 OCR（Optical Character Recognition，光学字符识别）技术完成纸质发票信息的采集；通过对接税务系统自动完成发票查重验真，员工可进行智能语音填单；通过一部手机即可轻松完成报销，大大减少了员工的工作量，提高了财务流程的效率。

图 1–14　中兴新云费用报销流程

（4）新型数据需求

在技术的支持下，财务将有能力整合企业的多维经营数据，并通过与大数据分析系统的对接，实现用数据支持经营决策，帮助企业融入数字创新时代。

而要想实现企业利用全量数据进行管理决策的目标，财务需要获取企业全面数据，因此产生了更多的数据需求。财务不仅要获取财务数据，还要获取业务数据，如业务过程中的行为信息、交易信息、结果信息等；不仅要获取企业内部数据，还要获取外部数据，如国家宏观经济数据、行业数据等；不仅要获取结构化数据，还要获取非结构化数据。只有在全面、海量数据采集的基础上，深度的数据挖掘和分析才会更加精准，在此基础上做出的决策才更科学合理。

（5）新型技术应用

机器人流程自动化（Robotic Process Automation，RPA）、云计算、大数据、可视化、AI（Artificial Intelligence，人工智能）等一系列新型技术（如图 1-15 所示）大大提高了财务流程的自动化、智能化水平，提升了财务的数据采集能力，帮助管理者进行科学决策。IMA（The Institute of Management Accountants，管理会计师协会）评估，到 2020 年，自动化有可能淘汰高达 40% 的交易会计工作（包括记账、管理报告、总账会计和预算），部署诸如 RPA 和 AI 能够推动财务专业人士开展更高附加值的工作[①]。

从具体应用来看，RPA 通过在特定流程节点上以自动化代替人工操作，可应用于财务的费用报销、订单到收款、采购到付款等规则明确、大量重复的工作中。OCR 可应用于采集发票、合同等各类纸面单据的结构化信息的工作中。NLP（Natural Language Processing，自然语言处理）技术赋予机器理解并解释人类写作与说话内容的能力，可以帮助企业更好地实现合同管理，如合同文本信息智能提取、文本智能审核、文本差异对比等。机器学习可以根据对实践数据的专业判断，辅助财务进行舞弊识别、风险评估及合规审核，可以应用在税务管理、资金管理、报告分析等多个场景中。知识图谱可以很好地应用到客户画像描绘、供应商画像描绘、客户间关系分析、供应商间关系分析中。这些新兴技术在业财数据采集、数据加工、数据分析等方面发挥了重要的作用。

---

① IMA. 管理会计能力素质：是否适应数字化时代？ [R].2018.

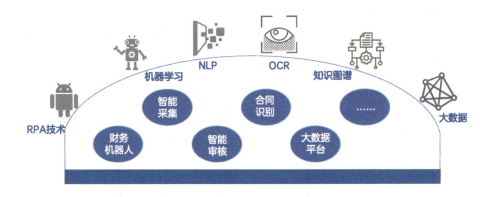

图 1-15　财务中应用成熟的新型技术

现在，越来越多的企业已经意识到新型技术能够助力企业成长，因此对技术的需求更加强烈并正在加大在技术上的投资，其中，分析工具作为企业提高效率、改善规划、制定预算、预测以及风险管理的关键，正愈加受到财务部门的青睐。Gartner 的研究报告显示，在被问及 2021 年将把时间和精力应用在哪些重要数字化技术上时，82% 的首席财务官表示，将把时间和精力应用在先进的数据分析技术和工具上[①]。

（6）新型人才需求

新时代、新变革对财务人员提出了更高的要求。对数据分析而言，人才的断层相比数据断层更为严重。财务人员不仅要具备财务能力，同时还要具备数据能力与业务能力。会计师需要具备高阶技能，如数据管理、数据查询、数据分析和数据可视化等能力，作为企业的业务伙伴提升洞察力和预测未来的能力，而不是仅处于传统的监管和事后评价的地位。另外，财务专业人士作为连接海量数据和商业领袖的纽带，需要精通业务语言、分析语言和技术语言。财务专业人士必须能够运用这些语言同数据科学家和技术专家交流，将数据转化成为帮助洞察业务的关键信息，并将所获得

---

① 　 Gartner. Top Priorities for Finance Leaders in 2021[R].2021.

的关键信息传递给商业领袖[1]。

未来财务部门的结构将转化为"财务 +IT+DT"，即"财务部门的职能 +IT 部门的工具 + 数据管理的科学"。过去企业需要的是懂规则、懂操作、懂标准的财务人员，而未来企业需要的是懂财务会计、懂信息技术、懂数学或统计的综合型人才。面对新的财务人才需求，除了财务人员自身要主动学习、积极转型外，企业亦需重新审视财务人员的知识结构，对员工进行多样化、有针对性的培训，高校也要跟随时代变化调整财会学生的培养模式，从而加速整个财务行业的人才发展，推动社会的进步。

本章小结

技术的快速发展让人们逐渐从 IT 时代步入 DT 时代，数据作为 DT 时代的产物，作为国家基础战略性资源及第五大新型生产要素，对企业、政府乃至整个社会的重要性不言而喻。面对国内产业价值链的重构和企业数字化转型的迫切内生需求，企业对数据产生了巨大的渴望，希望能够深入挖掘和利用企业经营管理中的内外部数据，以期实现用数据管理、用数据决策、用数据创新。

DT 时代，伴随企业数据驱动的实现，财务的职能将进一步拓展，即在财务会计、管理会计职能的基础上拓展企业运营管理职能，形成新的财务价值引擎体系。未来在技术的驱动下，财务将采取更加自动化、智能化、数字化的技术手段。在实现财务数字化转型、不断寻求突破、进行价值创造的过程中，传统的财务观念、财务职能、工作方式都会发生变革，财务也产生了对新型技术应用、新型数据以及新型人才的需求。

---

① IMA. 管理会计能力素质：是否适应数字化时代？ [R].2018.

第 2 章

∨∨

数据价值体系

　　在 DT 时代，各行各业都需要利用数据来开展业务和服务客户，数据是企业成功的关键。人们通过数据来认识自己、认知世界，企业依靠数据来支持业务发展，政府依靠数据来提升现代化治理能力。那么，到底什么是数据，数据具备哪些核心价值，如何发掘数据价值？本章将重点探讨以上问题，并提出数据价值体系，介绍企业该如何运用数据。

理解数据

数据与数字化

从汉字的角度来解读"数据"这个名词，"数"这个字来源于甲骨文中结绳的形象：数的左边是"娄"，娄表示绳索、布条或丝缕之类的东西；数的右边是偏旁"攵"，象形作手。因此，数就好比一个人用手在绳子上打结计数[①]，这种行为产生的结果被称为数。"据"则是可以用作证明的事物。数据代表对某事物客观状态和发展的记录。西方文化中的数据（data）一词在拉丁文中是已知的意思，也可以理解为事实[②]。

现在人们普遍认为，数据是携带信息的数字，是数字化的证据和依据，是对某件事物的记录和描述。从人类的祖先在动物骨头、山洞墙壁上刻下符号，到后来在器皿、竹简、纸张上记录各种信息，再到现代社会磁带、磁盘、计算机的出现，数据本身的形式以及它的采集、存储和使用的方式都发生了质的变化。数据带有明显的时代特征，技术的进步使得人们能够将物质世界的原子转化为比特，将模拟数据转换成用 0 和 1 表示的二进制码[③]，许多原来不被视为数据的事物能够被采集、存储和分析，如图片、音频、视频等，都能成为计算机可读、可分析的数据，这一过程称为数字化。

---

① 白尚恕，李迪. 中国数学简史 [M]. 济南：山东教育出版社，1986.

② 迈尔－舍恩伯格. 大数据时代：生活、工作与思维的大变革 [M]. 杭州：浙江人民出版社，2013.

③ 《数字化生存》（*Being digital*）出版于 1995 年，是美国麻省理工学院媒体实验室的尼古拉斯·尼葛洛庞帝（Nicholas Negroponte）的代表作。

随着数据技术的深入发展，数据的传输越来越便利，数据量级也快速增长，从 KB(kilobyte, 千字节)、MB（megabyte，兆字节）、GB（gigabyte, 吉字节）到 TB（terabyte, 太字节）、PB（petabyte, 拍字节）、EB（exabyte，艾字节），小数据已经转变为具有海量规模、多样类型、高速流转、低价值密度特征的大数据集，我们的世界正在被数据覆盖。大数据催生出新的商业模式，以互联网企业为代表的数字原生企业快速崛起，出现一种新的趋势——数据成为企业获得新的认知、创造新的价值的源泉。企业渴望从大量数据中获取有用的信息，注重数据价值的时代已经来临。随着传统行业进入存量时代，寻求发展新动能，以及加快数字技术与实体经济的融合发展、进行数字化转型已成为各界共识。想要保持竞争力，企业就必须摒弃依赖直觉和感觉做出决策的习惯，应通过观察数据来做出科学的决策。

数据的核心价值

认识数据的价值是有效使用数据的前提，数据的核心价值主要体现为反馈价值和指导价值两个方面。不同的企业在不同的情况下所侧重的方面也会有所不同。

（1）反馈价值

数据的反馈价值是指通过历史数据进行事后统计与分析，挖掘数据中蕴含的信息，进而发挥对决策和行为的效果进行反馈的价值。在此维度下，数据使用者可以基于采集到的数据进行分析结果、评估行为和决策效果、思考改进方法。

在企业经营过程中，产品负责人可以通过调查问卷收集用户使用数据，通过分析所收集的数据获得对产品功能和用户体验感的反馈；质量管理人员可以通过检查零部件及产成品质量，分析退货率、三包服务成本高等问题的原因；管理层可以通过各类经营分析报表，如经营月报、管理报表等，掌握企业整体发展状况，判断前期决策是否存在偏差。

（2）指导价值

数据的指导价值是指利用历史数据与即时数据，应用数据算法建模，深挖数据价值，进而发挥指导或预测下一步行动方向的价值。指导价值和反馈价值有着本质区别：如果以射击运动做比喻，数据的反馈价值就是轨迹分析仪，在事后对瞄准轨迹、射击环数和弹着痕迹进行统计；数据的指导价值则是瞄准镜或激光瞄准器，在子弹发射之前就锁定目标。

数据的指导价值似乎是更加高级的形式，然而这并不意味着指导价值能取代反馈价值，利用数据的反馈价值对指导价值的效果进行检查也是十分必要的，二者是相辅相成的。往往面对同一业务问题，企业既需要数据发挥指导价值，又需要数据发挥反馈价值，比如在营销活动中，直接找到与商品匹配的客户进行精准营销活动是数据的指导价值，对营销活动的效果进行统计和分析就是数据的反馈价值。

在以往企业经营管理过程中，反馈价值是常见的。伴随着技术的进步和企业可积累和使用的数据量增多，指导价值的作用会更加明显，企业在获取数据指导价值方面也将拥有更强的意愿和能力，更多地希望通过指导价值来提升经营决策效能。

数据价值体系

　　数据发挥价值有一定的条件，企业需要一套完整的数据价值体系来帮助自身用对数据、用好数据。数据价值体系主要包含数据治理体系、数据价值链和决策场景三个模块（如图 2-1 所示）。

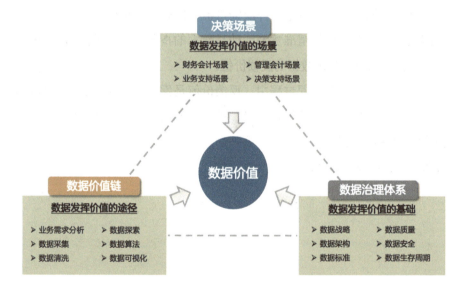

图 2-1　数据价值体系

　　数据价值体系围绕企业的数据展开，依靠持续的数据治理保障企业数据质量，通过数据价值链形成数据服务和数据产品，释放数据价值，为各类决策场景提供支撑，最终实现整体战略决策目标。

　　数据治理体系有助于管理数据、持续提升数据质量。尤其是对于非数字原生企业^①，数据治理的重要性越来越突出。

在数据价值链中，企业面向业务需求，运用数据技术和工具，探索数据背后隐含的信息。

同时，数据价值的发掘需要与决策场景相结合，数据治理体系和数据价值链下的各种活动只有面向各种决策场景（如营销策略制定、物料采购决策、供应商选型决策、账期预测、融资决策等），才能真正支持管理决策。

数据治理体系：数据发挥价值的基础

数据治理兴起于 20 世纪 90 年代的外国银行业，最早用于进行客户数据清理、完善数据标准、确保银行数据的完整性等工作。随着 DT 时代的到来，数据量暴增、技术快速进步，如何将海量数据用起来成为各行各业面临的重大挑战，相应地，数据治理在国内也引起关注。2020 年 8 月，国务院国资委印发的《关于加快推进国有企业数字化转型工作的通知》中明确提出："加快集团数据治理体系建设，明确数据治理归口管理部门，加强数据标准化、元数据和主数据管理工作，定期评估数据治理能力成熟度。加强生产现场、服务过程等数据动态采集，建立覆盖全业务链条的数据采集、传输和汇聚体系。加快大数据平台建设，创新数据融合分析与共享交换机制。强化业务场景数据建模，深入挖掘数据价值，提升数据洞察能力。"数据治理之所以非常重要，是因为可靠的数据对数据价值的有效释放有着决定性的作用。

（1）数据治理"是什么"

目前各界对数据治理尚未有一个标准的、统一的定义，许多机构都提出了数据治理的定义。

---

① 非数字原生企业是与数字原生企业相对的概念。

DGI（The Data Governance Institute，国际数据治理研究所）认为数据治理是包含信息相关过程的决策权及责任制的体系，按照达成共识的模型执行，模型明确"在什么时间和情况下、用什么方式、由谁、用哪些信息、采取哪些行动"[①]。

DAMA（Data Management Association，国际数据管理协会）认为数据治理不仅是一种框架的规范，还是一个可以被实践的职能模块，是对数据资产管理行使权力、控制和共享决策（规划、监测和执行）的系列活动[②]。

IBM（International Business Machines Corporation，国际商业机器公司）认为数据治理是组织管理信息知识并回答问题的能力，如数据来自哪里、数据是否符合企业制度及规则。数据治理实践提供了一个全面的方法来管理、改进和利用信息，以帮助决策者树立对业务决策和运营的信心[③]。

Gartner 认为数据治理是提供技术支持的学科，是 IT 治理的一部分，其中业务和 IT 协同工作，以确保企业共享的主数据资产的一致性、准确性、管理性、语义一致性和问责制[④]。

我国国家标准《信息技术大数据术语》（GB/T 35295–2017）中对数据治理的定义是"对数据进行处置、格式化和规范化的过程"，并强调数据治理是数据和数据系统管理的基本要素，涉及数据全生存周期管理，无论数据是处于静态、动态、未完成状态还是交易状态[⑤]。

可以看到，数据治理强调标准、规范和流程的设定，它不仅关注技术，还关注组织中与数据相关事务的决策权及相关职责的分配。

---

① The Data Governance Institute. Definitions of Data Governance[EB/OL].
② DAMA 国际 .DAMA 数据管理知识体系指南（原书第 2 版）[M].DAMA 中国分会翻译组，译 . 北京：机械工业出版社，2020.
③ IBM Corporation. The IBM data governance council maturity model: Building a roadmap for effective data governance[R].2007.
④ Newman D,Logan D.Gartner Introduces the EIM Maturity Model[EB/OL].
⑤ 全国信息技术标准化技术委员会 .GB/T 35295—2017 信息技术 大数据 术语 [S]. 北京：中国标准出版社 ,2017.

（2）数据治理"为什么"

由于技术的快速发展和信息化的普及，如今企业已经能够积累很多数据，然而数据量大并不意味着数据的价值密度大，也不意味着数据能够直接被应用、能够直接作为资产，并为企业带来经济价值。企业信息化建设不完善或是"先建设后治理"，以及制度、标准、技术等方面的欠缺都可能导致企业数据存在诸多问题。财务人员作为企业数据的采集者和使用者，在日常工作中，常会面对很多数据问题（如图 2-2 所示）。

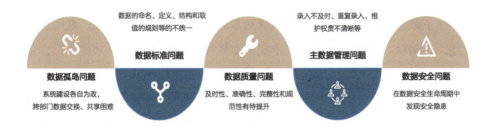

数据的命名、定义、结构和取值的规则等的不统一

录入不及时、重复录入、维护权责不清晰等

数据标准问题

主数据管理问题

数据孤岛问题
系统建设各自为政，跨部门数据交换、共享困难

数据质量问题
及时性、准确性、完整性和规范性有待提升

数据安全问题
在数据安全生命周期中发现安全隐患

图 2-2　常见数据问题分类

● **数据孤岛问题。**

企业信息化建设通常是陆续开展的，随着业务的发展变化，企业逐步建设起众多前端业务系统。财务部门也会从本身的职能出发，建立专用的财务信息系统，并依据会计科目体系采集、存储并报告相应的财务数据。在建设时，企业可能未过多考虑系统间的集成关系，未建立数据共享制度和共享标准，经常通过线下交换和共享数据，财务系统不能及时接收业务系统传输过来的数据，业财数据流通困难。

● **数据标准问题。**

数据标准是指数据的命名、定义、结构和取值的规则[①]。业财系统在数据的命名、编码上的差异，以及业财不同的管理需求和视角导致数据指标

---

① 全国信息技术标准化技术委员会.GB/T 36073—2018 数据管理能力成熟度评估模型 [S].2018.

选择、指标定义、统计口径、记录规范不同，造成企业整体数据标准不统一，难以实现数据跨部门的共享和复用。

●**数据质量问题。**

在财务工作中，数据录入的及时性、准确性、完整性和规范性都直接影响财务工作的推进效率和质量。部分数据需要通过纸质文档记录或线下手工采集，数据录入和后续维护权责不清晰，有大量重复记录或数据缺失问题，数据质量难以保证，使用和分析需求难以满足。可以说，数据质量直接影响数据分析的有效性，低质量的数据会导致具有误导性的分析结果。

●**主数据管理问题。**

主数据是企业核心业务的承载对象，是企业信息化的基础，是用来描述、存储核心业务的实体。在企业中主数据经常被称为"公共数据"，包括客户、供应商、科目、员工、组织主数据等，它们在各个系统中被重复、共享使用，是企业信息化战略与管理的必要前提[1]。通常企业会以项目制或项目管理的形式推进信息化建设。在主数据层面，在信息系统的实施过程中，由于没有统一的主数据标准、各项目主数据相互独立，所以主数据录入不及时或重复录入、维护的权责不清晰、不同系统中同一主数据不一致。大部分主数据问题只能在事后发现，这对财务工作效率和数据分析的有效性有很大的影响。

●**数据安全问题。**

随着企业数据开放和共享程度的深化，数据安全问题至关重要，安全是价值实现的前提。从数据生命周期安全的角度来看，企业数据在采集、传输、存储、处理、交换和删除的各个环节都面临不同程度的安全隐患，来自外部的攻击、内部人员利用机密数据非法牟利、数据意外丢失等安全问题不可忽视[2]。

数据问题如果得不到有效解决，那么每次使用数据时都会花费大量时

---

[1]　程旺 . 企业数据治理与 SAP MDG 实现 [M]. 北京 : 机械工业出版社 ,2020.
[2]　数据安全治理专业委员会 . 数据安全治理白皮书 3.0[R].2021.

间去完成数据的溯源、清理和转换工作，数据的有效性、准确性和安全性得不到保障，也就难以产出真正的价值。

从本质上讲，数据治理的目标是保障数据资产的质量，建立统一、可执行的数据标准，确保数据的安全性，实现数据资源在企业各部门的共享，促进数据资产创造价值。做明智的决策需要依赖可靠的数据，而良好的数据治理是保证数据可靠的必要环节。因此，数据治理对于希望实现数据驱动的组织而言是十分重要的，如果数据杂乱无章、质量要求得不到满足，企业就无法真正有效地使用数据，发挥数据价值也就成了空谈。

（3）数据治理"做什么"

许多机构或组织（如 DAMA、DGI、IBM 等）都基于自身的理论和实践经验提出了自己的知识体系。我国也出台了相关的数据治理国家标准，现行的涉及数据治理的国家标准包括《数据管理能力成熟度评估模型》和《信息技术服务 治理 第 5 部分：数据治理规范》。

《数据管理能力成熟度评估模型》（GB/T 36073—2018）[1] 是我国数据管理领域首个国家标准，由中国电子技术标准化研究院及多家高校和知名企业共同提出，由全国信息技术标准化技术委员会归口上报及执行。《数据管理能力成熟度评估模型》充分考虑国内数据治理现状，结合数据生存周期管理各个阶段的特征，按照组织、制度、流程、技术对数据管理能力进行了分析、总结，提炼出组织数据管理的八大能力域（数据战略、数据治理、数据架构、数据标准、数据质量、数据安全、数据应用和数据生存周期，如图 2-3 所示），并对每项能力域进行了二级过程项（28 个过程项）和发展等级的划分（5 个等级）以及相关功能介绍和评定指标（441 项指标）的制定。相比于国外机构提出的数据治理体系，《数据管理能力成熟度评估模型》更符合我国实际情况，是我国数据管理领域实践的总结和提升。

---

[1]　全国信息技术标准化技术委员会 .GB/T 36073—2018 数据管理能力成熟度评估模型 [S]. 北京：中国标准出版社 ,2018.

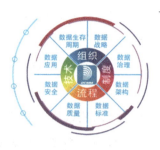

图 2-3　《数据管理能力成熟度评估模型》内容框架

中国电子工业标准化技术协会信息技术服务分会（ITSS 分会）带领近百家机构进行了《信息技术服务 治理 第 5 部分：数据治理规范》（GB/T 34960.5—2018）[①] 的研究。该标准分为正文和附录两部分。正文部分提出了数据治理的目标、任务和框架，规定了数据治理的顶层设计、数据治理环境、数据治理域及数据治理过程的要求（如图 2-4 所示）。附录对数据治理域进行了规范，认为组织应围绕数据标准、数据质量、数据安全、元数据管理和数据生存周期等，开展数据管理体系的治理。

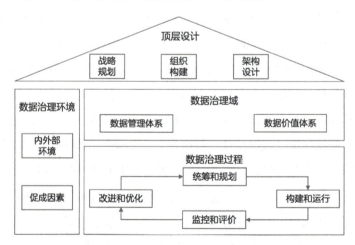

图 2-4　《信息技术服务 治理 第 5 部分：数据治理规范》中的数据治理框架

---

①　全国信息技术标准化技术委员会 .GB/T 34960.5—2018 信息技术服务 治理 第 5 部分：数据治理规范 [S]. 北京：中国标准出版社 ,2018.

〈 案例卡片 〉

某大型汽车制造业企业集团数据治理实践 [①]

国内某大型汽车制造业企业集团（以下简称"集团"）于 2017 年 6 月启动了数据治理项目，填补了集团在大数据运营领域的空白，支撑集团数字化转型升级。

●**数据治理背景**。

一方面，汽车消费市场进入中低速增长阶段，汽车制造商想在市场中获得竞争优势，就必须提高对外部市场的反应能力，提高服务消费者的能力；另一方面，传统汽车行业迎来由 IT 向 DT 转型的机遇，随着新兴技术在各大领域的广泛应用，企业的"以流程为核心"观念开始向"以数据为核心"转变，以及"从业务到数据，功能是价值"的传统理念也开始向"从数据到业务，数据是价值"转变，数据成为企业重要的战略资源。

●**数据治理基础**。

集团从 2001 年开始做信息化建设，经过十余年的发展，基础数据系统依靠内部系统已建设完成，2011 年开始建立汽车超级 BOM（Bill of Material，物料清单）平台，实现了产品策划部、产品部、制造中心、生产工厂、销售公司、售后服务部等全环节覆盖，以及汽车的产、供、销全链条的数据化连通，并以此展开主数据管理建设。2019 年开始进入数字化重塑阶段，以数据驱动管理为目标。

●**数据治理规划**。

第一，确定数据治理目标，建立数据治理框架。确定数据治理的总体目标，包括：超额满足集团和所有利益相关者的信息需求，提高数据的使用价值；确保数据资产安全性；持续提高数据和信息的质量；对数据资产价值有更广泛和更深入的理解；保持信息管理的一致性。基于总体目标，集团建立数据治理框架（如图 2-5 所示）。

---

① 案例改编自祝守宇、蔡春久的《数据治理：工业企业数字化转型之道》。

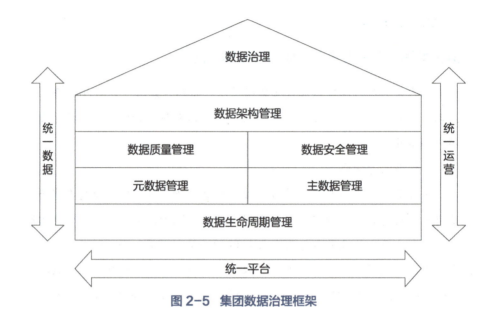

图 2-5　集团数据治理框架

第二，明确运营工作思路。集团将数据治理的成果应用于生产实践，实现基础管理标准化、业务数据财务化、经营成果指标化。通过统一平台打通数据孤岛，实现数据共享；通过统一数据，规范数据标准，建立指标体系，规范业务行为；通过统一运营，强化数据应用，创新业务运营模式。

第三，建立数据治理标准。基于数据治理项目的总体架构和工作思路，集团累计制定并发布了 25 项数据治理标准，包括《数据质量管理规范》《数据展现标准管理程序》《指标通用技术规范》《指标评价管理程序》《指标建设流程规范》等，并根据数据治理标准，完善数据治理成熟度评估标准，对各业务领域开展成熟度评估，以提升数据治理成熟度。

第四，确定实施方法和路径。集团以数据架构管理、数据安全管理、数据质量管理、主数据管理、元数据管理和数据生命周期管理为中心，结合业务应用的具体情况，采用 PDCA 循环模式进行测量和改进（如图 2-6 所示）。

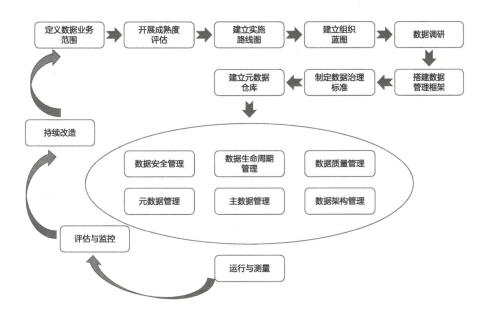

图 2-6　集团数据治理实施方法和路径

●组织保障。

为有效推进与持续开展大数据运营体系建设工作，集团组建了由高层领导挂帅、业务一把手牵头、核心骨干员工参与的矩阵式团队，其中包括领导小组、总体推进组和 13 个业务领域团队，共有来自 30 多个业务部门的 300 多人参与，其中管理层人员占比接近 50%。

●项目成果。

第一，建立统一的数据治理体系。集团制定并发布了企业数据治理标准及管理办法等相关文件和规范共计 24 篇；初步建成企业内部指标体系，累计实现用户大数据、集团运营等板块中的 448 个一级指标建设；初步建成主数据管理体系，主数据完整率提升至 99.7%；构建数据治理能力成熟度模型，保障数据治理工作落实。

第二，持续开展数据治理工作。在建立数据治理标准的基础上，持续开展指标治理工作，产品主数据治理初见成效，经销商主数据治理、供应商主数据治理等其他基础治理工作并行推进。

第三，整合企业数据并建立大数据平台。集团整合企业内部核心业务系统，通过融合互联网数据、统一客户数据并集成产品数据，构建集数据管理、分析、应用为一体的大数据平台，能够使数据更为全面、真实、透明，促进信息共享。

（4）数据治理"谁来做"

企业往往是由于数据存在种种问题，所以才启动数据治理项目。然而，对于具体该进行多大范围的数据治理，业务部门、财务部门、技术部门以及可能会涉及的外部厂商之间应该如何配合，从哪里开始着手，许多企业在项目启动前并没有想清楚。

企业往往希望做一个大而全的数据治理项目，能覆盖各业务板块、业务链条的各环节和各个系统中的数据。但是想要在一个项目里快速实现这种需求几乎是不可能的，需要分期、分批推进。

在数据治理工作的跨部门配合方面，常见的误区是数据治理是技术部门的事。然而数据问题产生的原因往往来自非技术部门，如数据责任不明确、同一数据有多个来源，导致同一数据字段在不同系统中的记录标准不统一、数据不一致等问题，单从技术角度难以解决这些问题。数据治理有助于提升数据质量，提升业务部门和财务部门数据分析的有效性，因此数据治理项目可以由技术部门牵头，其他各个部门通力合作完成。

财务部门虽然不能脱离企业整体的数据治理战略方案独立进行数据治理，但是也必须重视数据治理。如果不进行数据治理，财务部门会面对很多与数据相关的问题，无法转型为企业的大数据中心。

（5）数据治理"怎么做"

数据治理是一项周期较长且较为复杂的工程，涉及组织、制度、流程、标准等多方面的管理，涵盖了数据标准、数据质量、数据架构、数据安全等多方面的内容。数据治理需要依照企业性质、管理模式、业务特点的实际情况制定个性化的治理规划。对于财务数据治理而言，可以从管控层面和执行层面着手（如图 2-7 所示）。其中，管控层面要紧贴企业级数据治理规划，包括设置符合企业数据战略的治理目标、建立并持续完善财务数据治理制度、设立权责明确的财务数据治理组织、建立有效的沟通与协商机制。

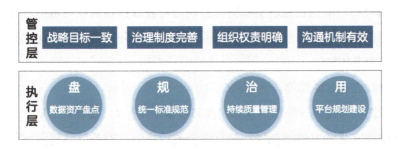

图 2-7　财务数据治理的主要做法

● **治理目标与企业数据战略保持一致。**

企业数据战略是所有利益相关者达成共识的结果，是考虑了数据提供方和使用方的需求，确定数据治理的原则、目的和目标后形成的数据治理愿景。数据战略需要规划的内容包括愿景陈述、规划范围、治理模型选择及建设方法、管理层及其责任、利益相关者名单和持续优化路线图等。

财务数据治理要依照企业数据战略设定目标，考虑技术进步和市场预期，制定针对财务部门当前和未来整体数据战略目标的数据使用计划。随着市场和业务的发展及战略的调整，数据会持续产生，数据标准、数据质量等要求可能也会发生变化，财务数据治理需要主动适应这些变化，持续推动并不断改进，形成长效机制。

● **建立并持续完善财务数据治理制度。**

数据治理制度建设能够保障数据治理工作的规范化运行，建设内容主要涉及对数据制度框架和内容的制定、发布、宣贯与实施。财务数据治理制度需要依据集团数据政策，明确财务数据治理范围，制定明确的财务数据治理办法和数据治理细则，并按照严格的流程进行定期检查与更新。

●**设立权责明确的财务数据治理组织。**

数据治理组织应对企业的数据治理和数据处理进行职责规划和控制，指导各项数据治理工作的执行，以确保企业能有效实现数据战略目标。财务数据治理组织的组织架构、层级、职责等需要匹配企业的数据治理组织规划和布局，依据企业的实际情况，明确财务数据治理权责范围，提升财务组织的数据治理技能，明确财务数据所有人及归口管理人，建立数据问责及绩效考核机制。

●**建立有效的沟通与协商机制。**

数据沟通是提升跨部门及部门内部数据治理能力、提升数据资产意识、培养数据文化的关键。在保证信息安全的前提下，财务部门需要与业务部门、技术部门以及其他管理部门建立有效的沟通与协商机制，保证组织内全部的利益相关者都能及时理解数据政策，了解监管要求、标准、流程、职责等的最新情况，了解正在进行事项的状态及后续治理工作处理方案。

具体到执行层面，财务部门可以通过数据的"盘、规、治、用"支持良好的数据生态，实现财务数据质量的全面提升。

●**盘：盘点财务数据资源。**

在企业级数据战略发布后，财务数据治理组织需要对现有数据和信息化现状进行评估，找出与目标之间的差距。通过盘点与财务数据相关的系统、流程，厘清各方对财务数据的需求，明确财务主数据，摸清现有财务数据的真实状况，整理财务数据资产目录，为后续步骤的实施打下基础。

●**规：建立统一数据标准规范。**

通过梳理财务主数据，形成财务主数据标准和规范，建立标准文档。财务部门与业务部门、技术部门共同推进业财数据指标库梳理，特别需要针对跨业务、跨系统、需共享的数据制定标准，明确指标定义、统计口径、数据来源、计算逻辑等内容。各项标准的制定有利于保证数据规则统一和数据口径一致，为实现业财数据打通、提升数据质量、高效使用数据提供数据标准与规范。

● 治：持续数据质量管理。

数据质量管理的方法论一般基于戴明环（Deming Cycle），即通过"计划（Plan）—执行（Do）—检查（Check）—处理（Act）"的循环来改进数据质量的管理模式。在计划阶段，需要对财务数据质量问题的范围、影响和优先级进行评估，分析问题原因并制定解决方案和计划；在执行阶段，财务部门需要与业务部门、技术部门合作，主要解决关键问题；在检查阶段，需要持续对财务的数据质量进行监控，总结计划执行的结果；在处理阶段，对质量检查结果进行总结，一方面沉淀有效经验，另一方面定位未解决的数据问题并开始下一个循环。

● 用：推进数据治理平台规划与建设。

通常企业会建立整体层面的数据治理平台，将数据标准、数据架构、数据质量方面的规划和治理成果按照数据安全相关政策法规的要求落地。数据治理平台规划和建设同样需要财务部门的协作。企业通过规划数据治理平台系统建设，实现业财数据在各系统之间的调用，通过设置数据校验规则对数据的安全性、及时性、完整性、逻辑性、唯一性等进行校验，将数据问题直接反馈至责任部门，切实实现数据质量的持续提升。

〈 案例卡片 〉

某集团财务主数据治理项目

某集团经过多年信息化建设，目前建设了 ERP、CRM、SCM、OA 等信息系统，但是由于以往系统建设各自为政，各个应用系统的设计、开发、实施、管理和运营，都是从本业务部门管理需求出发，针对应用领域来建设的，这些应用系统的底层数据库及数据都有自己的业务模型、规则和定义，各系统独立编码，不同系统间数据编码差异较大，数据不一致问题时有发生，各项数据难以利用和共享，不利于集团的统一化管控和未来数字化转型。

产生以上问题的主要原因在于集团缺乏统一的数据标准和有效的数据

治理手段。经过评估，集团从自身实际情况出发，选择了从财务主数据治理入手开展数据治理工作，再向外扩展至其他的业财数据。

● **明确财务主数据范围。**

财务主数据是集团主数据的重要组成部分，主要包括会计科目、银行、固定资产、成本中心、利润中心、预算、项目等数据（如图 2-8 所示）。

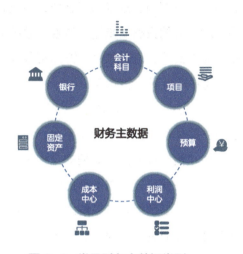

图2-8 常见财务主数据类型

● **财务主数据治理目标。**

集团希望通过此次项目实施，实现财务主数据的统一集中管控，解决重复录入和部门间数据不一致的问题，做到"一次录入、多方共享"，提升业财数据交互的效率。在实现主数据共享的同时，还要特别关注数据安全和保密，对于诸如银行账户信息等不宜全面共享的主数据，需要按照可查询的权限进行共享。

● **财务主数据治理的具体内容。**

集团财务主数据治理内容主要分为以下几项。

第一，开展调研并形成现状调研报告。现状调研需要通过资料搜集、现场访谈、问卷调研等方法来开展，了解现有各类制度、规定、标准及信息化现状，获取主数据应用需求。将已有主数据抽取出来，掌握主数据现状，分析系统是否需要改造、评估改造的方向和难度。在对各类规范、系统和数据本身进行全面了解后，形成调研报告。

第二，建立财务主数据标准体系，实现数据集成和共享。一方面，通过识别数据源头并对现有主数据进行详细的梳理和清洗，形成规范统一、分类明确、层次恰当的财务主数据标准体系，明确主数据分类方法、编码规则、属性定义和质量要求。另一方面，将各信息系统中独立保存和维护的财务主数据进行集成，选择业内成熟的主数据管理平台，对财务主数据进行统一分类和编码，完成历史数据的整合与共享。

第三，明确财务主数据维护的制度和权限，制定维护策略。以往有主数据添加需求的发起人直接联系主数据编码人员，编码随意性较强，编码生成后还需要手工添加至各系统中，查重、成码、录入由同一编码人员操作，维护量大且易出错。因此，需要明确各类财务主数据的责任人，在主数据管理平台上对财务主数据进行统一维护，对财务主数据的新建、修改、删除、更新都要严格遵循相关制度流程，并将变动情况及时同步至其他业财系统。

● 治理成效。

对财务主数据进行有效管理，进而保证基于这些主数据产生的业财数据逻辑一致、口径统一、准确可信，促进各决策场景下的价值释放，为业务伙伴管理、集团合并报表出具、预算编制、部门绩效考核、管理报表出具、资金安全监控与规划等场景提供有力支撑。

数据价值链：数据发挥价值的途径

数据治理体系是数据发挥价值的关键前提。有了完善的数据基础，企业该如何从数据中发掘价值呢？数据价值链正是数据发挥价值的途径，本小节将介绍数据价值链的概念及组成数据价值链的三大要素和六大步骤。

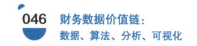

（1）数据价值链的概念

价值链的概念由迈克尔·波特于 1985 年提出，他定义价值链是由设计、生产、销售、发送等所有向用户交付产品或服务所需的一系列生产活动及相关辅助活动所构成的体系。价值链理论认为企业以创造价值为目标，在价值链概念的基础上，后续研究提出了商品链、全球商品链、全球价值链、虚拟价值链、知识价值链等相关概念。随着价值链理论的不断发展，数据、信息、知识等非物质资源在价值创造过程中的作用逐渐得到重视。

数据价值链的概念源自价值链理论，是价值链理论在数字经济时代的发展。在新兴技术与产业发展的深度融合下，企业生产经营活动呈现信息化、智能化、数字化的趋势，数据的价值创造作用受到企业的广泛关注。数据价值链的概念最早由 Miller 和 Mork 在 2013 年提出，他们认为数据价值链是由数据管理活动、各种利益相关者和相关技术构成的框架，并将数据价值链划分为数据发现、数据集成和数据探索三大过程[1]。

本书将数据价值链理论进一步延伸，提出适应 DT 时代财务发展的"数据价值链"（如图 2-9 所示）。数据价值链是面向业务需求，有针对性地提取、组织并利用数据，从而盘活数据资产、开发数据功能、发挥数据价值，通过科学直观的视觉表现形式清晰传达数据分析结论，实现数据向信息、知识、智慧的逐步升华，最终赋能企业经营决策的一系列过程。因此，数据价值链是从数据中产生价值和有用见解所需要的一系列步骤，是从原始数据到产生真正见解的整个数据生命周期中，逐步提取数据价值的可重复过程。

---

① Miller H G, Mork P. From Data to Decisions: A Value Chain for Big Data[J]. It Professional,2013,15(1):57–59.

图 2-9 数据价值链

数据价值链的组成部分包括三大要素和六大步骤。企业借助算法与算力，通过一系列有效的数据处理过程，逐步完成数据从原材料到价值的转换。

（2）数据价值链的三大要素

业务、数据和技术是数据价值链的三大要素，支撑着数据价值链发挥作用。

●要素一：业务。

业务是数据价值链的服务对象。企业应首先明确业务对数据的需求，并以此作为目标，有针对性地开展后续工作。

在多变的商业竞争环境中，企业需要塑造核心竞争力，而核心竞争力伴随业务的开展逐渐形成，因此业务决策是企业发掘有效活动、改善经营活动、促成变革活动，最终创造价值的关键所在。通过数据价值链所得出的结果，只有有助于业务决策，才可以被认为是有价值的。

那么如何才能做到有助于业务决策呢？在流程的始端，通过思考和回答业务遇到的问题究竟是什么、业务的决策点究竟在哪里等问题来明确业务的需求；在流程中，紧扣业务需求，采集相关数据，处理数据以反映业务的真实状态，以需求为切入点挖掘数据价值以影响业务实践；在流程的末端，站在业务需求的角度解读并呈现数据结论信息。至此，数据才可能影响业务决策、指导业务实践、驱动业务创造价值。业务不仅是数据价值链的目标导向，而且是数据价值链每一步骤所围绕的核心。

● **要素二：数据。**

数据是数据价值链运行的原材料，是一切分析与研究的基础。企业经营过程中的数据可以分为结果数据、交易数据、过程数据、行为数据和环境数据五大类（详细内容见本书第 4 章"数据采集"）。同时，数据和数据之间可能存在一定的关系，如因果关系与相关关系。举个例子，炎热的夏天是墨镜和雪糕的销售旺季，二者销售量均显著增加，呈现同步增长的相关关系，但是墨镜销量增加并不会使雪糕销量增加，雪糕销量增加也不会使墨镜销量增加，二者不存在因果关系，其同步增加主要是由于受到相同性质因素影响，即夏天的阳光照射强度和体感温度。数据间的因果关系和相关关系，大多时候是隐秘的，需要使用一定的方法才能找到，而在探索的过程中往往可以挖掘事物背后的规律、联系和逻辑。

不论数据如何分类、数据之间的关系如何，需要明确的是这些数据以及对它们的分析都与业务、技术密切相关。数据需要服务于业务，财务在推进和支持业务过程中采集和积累的数据及得出的结论最终需要作用于业务发展。同时，随着企业能采集和积累的数据的增加，技术也在不断迭代，升级为与数据量相适应的数据技术，进而决定了数据发挥价值的极限。

● **要素三：技术。**

技术是数据价值链的实现工具。这里的"技术"泛指在某一领域解决问题的全部科学（含相关的原理、理论、方法、手段、技巧等）。从最初的需求分析到最终的数据价值释放，过程中大量运用的思维模型、统计学原理、计量方法及 API（Application Programming Interface，应用程序接口）、ETL（Extract-Transform-Load，抽取 - 转换 - 加载）工具、机器学习、可视化等各种技术，在数据价值变现的不同阶段发挥着不同作用。例如，不同类型的数据分析目标对应着不同的解决路径，从而产生如

MECE（Mutually-Exclusive-Collectively-Exhaustive，相互独立，完全穷尽）分析法、归纳推理、演绎推理等不同的方法，用以分析各个环节中的问题；在数据探索过程中，统计特征分析、数据分布推断、相关性分析等都是利用不同的统计分析方法，完成对数据内在规律与发展趋势的挖掘；在数据算法过程中，不同算法模型基于数理统计原理不断发展而来，是深度探析数据价值的重要路径。

（3）数据价值链的六大步骤

数据价值链所涉及的一系列数据处理和使用过程可以分为六大步骤（如图 2-10 所示）：业务需求分析、数据采集、数据清洗、数据探索、数据算法、数据可视化。其中，数据探索与数据算法是数据分析的过程。

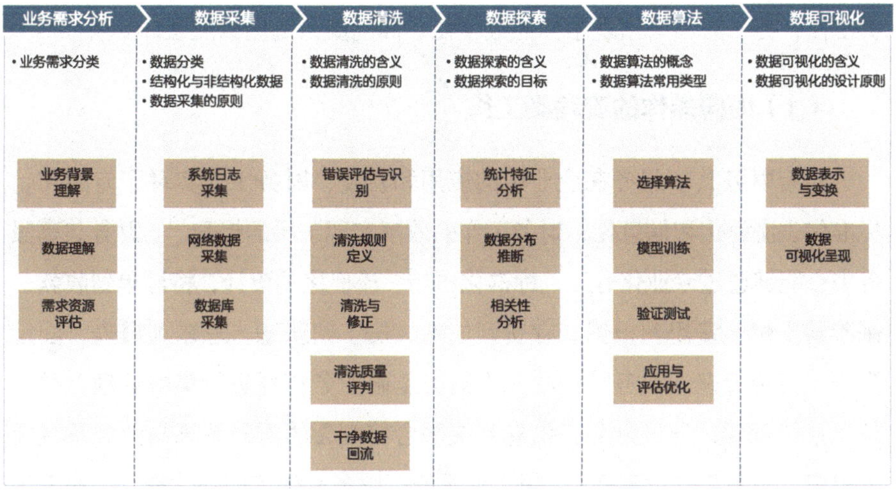

图 2-10　数据价值链的六大步骤

简单来说，这六大步骤与厨师烹饪佳肴的工作流程十分相似。第一步，客户"点菜"，准确定位业务需求，了解具体要求与偏好；第二步，"买菜"，采集数据，根据需要准备原材料；第三步，"洗菜"，清洗数据，去除杂质；第四步，"切菜"，从多个角度对数据进行剖析和探索，了解数据的各项特征；第五步，"炒菜"，构建数据算法模型，对原材料进行有效组织及深度加工；第六步，"上菜"，将最终的结论信息进行具象化的呈现，满足客户的数据分析需求。

决策场景：数据发挥价值的场景

决策场景是组成数据价值体系的关键。企业数据治理工作的开展和数据价值链的应用要与决策场景相结合，而不是单纯地启动一个数据治理项目，或是简单地追求数据算法模型的应用。只有进行场景化的数据治理和数据分析，面向具体的决策需求，才能实现数据价值的精准释放。

DT 时代，财务在转换思路，在 IT 提高流程效率的基础上运用 DT 的思维；财务工作内容也在演化，一方面存在面向信息化、面向操作的流程类工作，另一方面又出现了面向数字化、面向决策的场景类工作。

（1）面向操作的流程类工作

随着财务共享服务在企业中的应用和普及，财务工作实现了专业化、标准化、流程化和信息化，财务工作的效率实现了质的提升[1]。财务共享服务中心能够通过专业化分工、标准化再造、流程化的设计，将订单到收款、采购到支付、费用到报销、存货到成本、员工到薪酬、总账到报表、固定资产、资金管理、税务管理的九大财务基础业务流程进行集中处理，并以信息系统承载，通过财务云信息系统平台将割裂的财务系统与业务系统紧密相连（如图 2-11 所示），极大地提升了财务基础工作的效率，并在系统中积累了大量的业财数据[2]。

① 陈虎（中兴新云）：共享中心的未来价值：财务数字化转型 [EB/OL].
② 陈虎（中兴新云）：数字化时代管理会计的三大变革 [EB/OL].

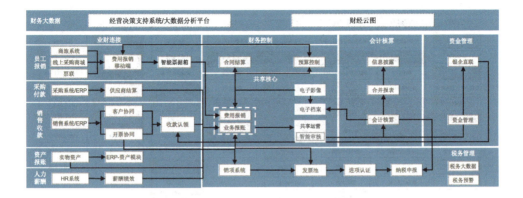

图 2-11　中兴新云 FOL 财务云信息系统架构

近年来，自动化技术逐步兴起，人工智能技术也处于蓬勃发展阶段，在流程信息化的基础上，自动化、智能化技术在财务部门的应用逐渐深入，形成丰富的智慧应用（如图 2-12 所示），进一步提升了流程效率。在财务领域，自动化技术以 API 和 RPA 为代表，通过系统间的对接和异构系统间 RPA 的应用，实现流程各环节的自动触发、操作动作的自动完成、数据信息的自动流转，将基于规则的、耗费精力的事务性工作进行自动化处理，减少财务人员工作量。智能化技术以人工智能为核心，主要应用包括利用 OCR+CNN（Convolutional Neural Networks，卷积神经网络）等实现发票的自动采集识别，利用 NLP 实现快速的合同审核和智慧审计，基于系统规则引擎和机器学习进行单据智能审核，利用 RFID（Radio Frequency Identification，射频识别）技术实现资产智能定位和盘点，知识图谱助力供应商关系管理等[1]。

---

① 中兴新云, 南京大学智能财务研究院, 厦门大学会计学系. 财务的自动化 智能化 数字化 [R].2020.

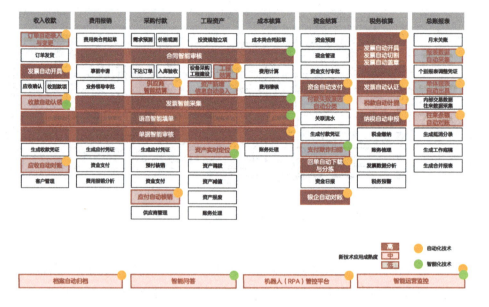

图 2-12　财务自动化、智能化热图 [①]

　　财务流程借助信息化、自动化和智能化的技术手段管理业务，实现了流程操作上的效率提升，完成了数据的自动传递和集成，财务流程借助计算机和互联网，提高流程运转效率，实现数据的快速传递，并与业务产生广泛的连接，将更多数据汇集至财务，保证数据在传递过程中的时效性和准确性，为决策场景提供数据基础。

（2）面向决策的场景类工作

　　所谓企业决策场景，是企业中所有需要决策的情景，是承接战略决策下，通过对宏观的战略目标进行分解，形成的一个个面向具体业务问题或管理决策的场景（如图 2-13 所示）。决策场景涉及组织、业务的具体规划和实施策略，能够对营销、采购、运营、财务等职能部门的运作产生实质性影响。

<hr>

① 陈虎，郭奕．智慧财务的实现模型及应用场景 [J]．财务与会计，2021(19):10-14.

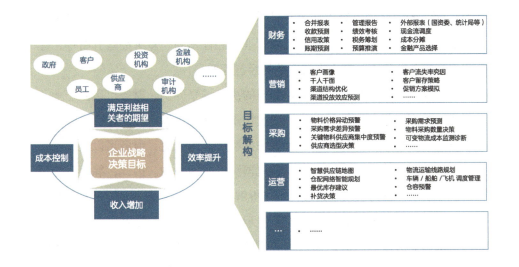

图 2-13　企业的决策场景

　　决策场景之所以重要，是因为企业战略目标是需要在真实业务环境下实现的，不同场景下的决策需求直接影响数据治理体系和数据价值链的应用，数据治理体系和数据价值链最终也要面向具体决策场景发挥作用。

　　在企业的经营管理过程中，以往的财务主要关注财务会计和管理会计工作范畴内的决策场景，财务自身需要对各种财务方案进行比较选择，并做出合理可行的决策，以支持财务活动取得良好效益，实现提高资金使用率、合理开展投资活动、加强内部监督、降低财务风险、推动企业价值最大化等财务管理目标。财务自身需要的决策场景包括：现金流管理、投融资决策、支付资金风险预警、绩效考核分析、税务筹划、确定成本分摊模型、预算推演、预测经营业绩等。这些决策场景下的分析结果往往会以报表和报告的形式呈现给企业管理层、股东、外部监管机构等不同的数据消费者。

　　随着 DT 时代数据和技术的不断发展，财务已不局限在原本的职能范围内，如何走出去，和业务部门一起"并肩作战"，做好管理层的"咨询顾问"，为业务发展和经营管理提供有用的运营建议、风险提醒和决策支持，是财务要完成的一次重要转变。很多企业的财务部门开始越来越多地参与到业务支持和决策支持的场景中，比如企业产品定价分析、物料需求预测、销售预测、客户分析与风险管理、经营预测、多维经营分析等，建立起预警预测机制，有力支持企业的经营管理。

在业务支持场景中，以采购管理的决策场景为例，财务可以基于业务逻辑、数据科学与可视化技术，通过场景的细化拆解，构建贴合实际采购业务的决策模型并进行合理展示。在拆解决策场景时，财务可以从状态反映、多维对比分析、风险预警和合理预测等方面考虑。因此，综合各方面的决策需求，可将决策场景进行细化拆解（如图 2-14 所示），并应用算法模型和可视化，构建合适的分析及展示方式。一方面，能够以直观的形式描绘采购业务现状，并对重点业务活动进行预警提示；另一方面，基于灵活可变的判断规则，结合算法模型对已发生事项进行多角度深入纠因，以合理预测，为未来的采购决策提出建议。

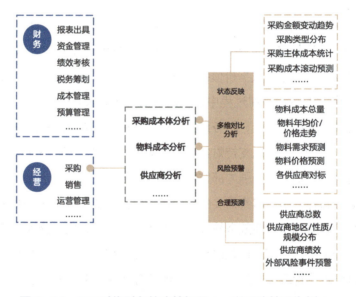

图 2-14　DT 时代财务的决策场景——以采购管理为例

在决策支持场景中，以中兴新云多维经营分析数字化解决方案，即财经云图 ™ 为例，通过解读和梳理企业价值创造过程与体系，识别关键动因模型及关键控制点，建立企业全方位的指标体系，并通过对数据的治理和数据价值链的管理，以及强大的数字化平台实现多维分析报表自动生成以及经营价值数据动态可视功能，为利益相关者提供数据分析结果（如图2-15 所示）。

图 2-15   中兴新云多维经营分析数字化解决方案示例

数据价值体系的保障和基础

除了数据治理体系、数据价值链和决策场景之外，数据价值体系的稳定运行还需要一定的保障和基础，包括建设数据文化、组建数据组织、培养数据人才和掌握数据技术。许多企业在学习优秀企业的数据价值管理经验时会将注意力主要集中在有形要素（人员、组织和工具）上，对组织文化的关注则较少。企业应注重文化、组织、人才以及技术工具等方面的综合发展。

建设数据文化

数据文化是数据驱动型组织的核心，需要持续的培育和发展。数据文化包括企业高管和员工的价值观、态度和行为，这些价值观、态度和行为影响相关数据成为决策的优先驱动因素[①]。

如今越来越多的企业都意识到数据文化是实现数据到信息、知识、智慧的转化的必要保障，仅仅拥有大量的数据、使用合适的技术、搭建数据组织和人才体系是不够的。管理学大师彼得·德鲁克有一句名言："战略只是文化的早餐（Culture eats strategy for breakfast）。"战略只是文化的体现，文化是真正影响企业成败的关键。企业没有形成数据文化，高管和员工不认为自己有义务和责任保证数据的可用性，不具备全局化的数据思维，面对数据驱动的变革持对抗态度，这将严重阻碍企业全面洞察产

---

① IDC. Why You Should Care About Data Culture[R].2020.

品及业务。企业可以通过以下几个方法持续培养数据文化。

●**高层管理者推进：**高层管理者对数据价值的认可对建设数据文化能产生关键推动作用。管理层需求会促使业务人员学习和应用数据驱动的思维方式，尽快开始探索数据服务和数据产品。

●**培训和宣贯：**面对新事物，有一定的抵触情绪和怀疑态度是很常见的，企业可以通过培训和宣贯帮助员工理解数据驱动的含义，掌握相应的数据知识技能，帮助员工适应变化，从而获得更多的数据价值。

●**试错与改进：**在掌握了一定的数据知识与技术后，可以开始在某些业务上试点，建立快速试错和敏捷响应的机制，不断总结和改进。当员工体验到数据驱动带来的益处后，就能迅速提升信心、增加主动性和积极性，有意识地应用数据思维。

组建数据组织

数据组织的建立是有必要的，数据价值的提取过程不仅是技术层面的问题，还是一种用数据去决策的思维模式。因此，为支撑数据价值体系，需要组建数据组织来负责数据相关政策、流程、方法等的制定，对数据战略进行规划，对数据治理和数据分析的效果进行监控和考核。如果企业已经有数据组织，则需要管理者重新去思考它的定位和职责，明确数据组织所属的管理层级等；如果没有相应的数据组织，就要选择合适的组织模式并建立数据组织。

企业数据组织的模式不尽相同，常见的数据组织模式包括集中式、嵌入式和分散式（如图 2-16 所示）。三种模式各有优劣，不同规模、不同管理诉求的企业可以根据自身管理需要选择合适的数据组织模式。

图 2-16　常见数据组织模式

●**集中式：**集中式是指成立专门的数据组织专职管理企业级数据，数据组织成为一个单独的部门，对所有数据进行全生命周期的管理。集中式数据组织的优势在于这类数据组织的职责明确、目标清晰、组织固定且集中、员工归属感较强、汇报条线清晰。该模式的局限性在于：一是对数据组织人员的专业性要求非常高，组建成本较高；二是高集中度及部门壁垒可能导致各业务单元对数据认知水平不足，跨部门沟通成本高，不利于开展协作。

●**嵌入式：**嵌入式是指在总部层面设立数据负责人，对数据价值相关的各项活动进行管控和协调，在各业务单元设立专门的数据分析人员等角色，负责本业务域的数据治理和数据价值挖掘工作。嵌入式数据组织模式下，数据与业务能更好地融合，各岗位分工明确，有利于员工个人能力的不断提升及业务单元之间横向协作的开展，但是这种模式下需要更强有力的组织或高管来推动全企业的数据治理与处理工作，也需要企业采取更有效的评价手段和管控方法。

●**分散式：**分散式是指不设立总部层面的数据组织，而是将数据的相关工作分散到各业务单元中。分散模式下，对数据的需求、数据问题都可以在业务单元内快速得到满足、解决，数据相关的工作更贴近业务单元实际。然而，由于缺乏总部层面的数据视角和统一的管理，跨业务单元协作比较困难，资源重复情况经常出现。

无论企业选择哪种组织模式，都需要明确数据的管理流程及数据的管理责任，厘清数据的录入和维护方，责任到岗到人，保障组织职责清晰健全。

‹ 案例卡片 ›

H 公司数据管理组织 [①]

　　H 公司数据管理组织（如图 2-17 所示）是典型的嵌入式数据组织。为支撑公司开展数据相关工作，H 公司在公司内部建立了一个公司级数据管理部，代表公司制定数据管理相关的政策、流程、方法和支撑系统，制定公司数据管理的战略规划和年度计划并监控落实，建立并维护公司信息架构，监控数据质量，披露重大数据问题，建立专业任职资格管理体系，提升公司数据管理能力，推动公司数据文化的建立和传播。同时，在主要的业务功能部门成立了领域数据管理部，该部门直接服务于所属的业务部门。

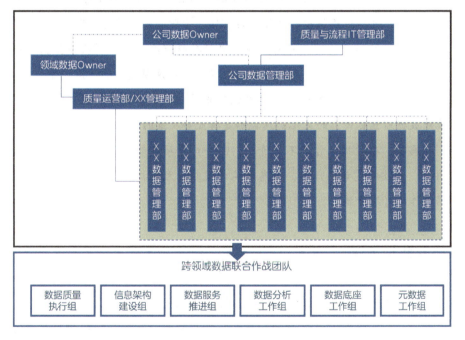

图 2-17　H 公司数据管理组织

---

① 华为公司数据管理部 . 华为数据之道 [M]. 北京 : 机械工业出版社 ,2020.

为落实公司制定的数据管理目标，在各业务领域要建立实体化的数据管理专业组织，图中黑色框内的实线表示向 GPO（业务领域最高主管）汇报，承接并落实 GPO 的数据管理责任；虚线表示向公司数据管理部汇报，遵从公司统一的数据管理政策、流程和规则要求。

H 公司虚实结合的数据组织设置，是确保数据工作能充分融入业务，同时能够在应用系统中有效落地的关键。数据管理组织中四个组织的职责和分工如下。

● **体系建设者**：负责数据管理的战略、规划、政策、规则的制定；负责数据管理体系建设；数据架构及核心数据资产管理；确保公司数据质量水平。

● **能力中心**：构建数据管理的方法、工具、平台；负责专业能力的开发和提升，包括数据架构、数据分析、信息管理、数据质量管理。

● **业务的数据伙伴**：面向业务，提供数据解决方案，解决业务数据痛点；满足业务数据需求；向业务提供标准化的主数据或基础数据服务。

● **文化倡导者**：在公司内部建设追求卓越、"谁创建（录入）数据，谁对数据质量负责"的文化；用数据支撑业务决策的文化。

同时，在数据工作的不同阶段，H 公司分场景组建了不同的虚拟数据团队，如数据质量执行组、信息架构建设组、元数据工作组等，以保障数据工作的有序开展。

培养数据人才

为了支撑数据价值体系的运行，支撑数据资产从采集、传输、存储、处理、交换和删除的全生命周期管理，企业需要明确数据组织所需的角色和对应的职责。在企业数据组织内部，通常由具有不同能力的人员充当不同的角色，主要角色包括信息系统架构师、数据工程师、数据分析师、数据科学家、安全和合规团队等，有些企业还会设置首席数据官（Chief Data Officer，CDO）职位（如图 2-18 所示）。在小型企业内，一个员工有时可以承担多个角色；在大型企业中，各角色需要在多个人员之间进行更细致地拆分。

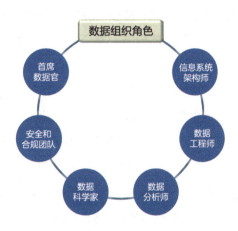

图 2-18　企业数据组织内的主要角色

●**信息系统架构师**：负责信息架构和系统底座的构建，主要包括数据架构的设计、企业信息架构业务模型的开发和数据标准的制定等。

●**数据工程师**：负责数据的采集与清洗、数据资产的建设、已有数据和新采集数据的质量治理等。

●**数据分析师**：负责搭建业务数据分析模型，负责数据价值链中的数据分析和价值挖掘，提供数据分析报告，完成可视化的设计。

●**数据科学家**：负责技术的研究和重点技术攻关、数据模型算法的开发、数据服务和数据产品的设计和开发、数据问题攻关。

●**安全和合规团队**：负责企业数据安全合规体系的搭建，及时发现潜在数据安全风险点，保障内部数据共享和内外部数据交互安全可控。

●**首席数据官**：负责数据战略的制定和执行方向的把控，带领数据组织对企业的现状和未来发展提出建设性意见，支持战略制定并直接影响高层决策。

在数据组织中，掌握数据科学和数据技术是人才的重要能力要求之一，成熟的数据组织还要求人员具备管理思维、更广泛的业务洞察力、更领先的技术应用能力和更深入的专业能力，企业要加快培养各项能力全面发展的复合型人才。在新一代数字技术的支撑下，财务部门有条件为企业数据组织提供有力支持，将数据作为一种服务输送给各个业务部门和管理层，服务于企业内部管理决策和价值创造，部分财务人员能够承担数据组织中的角色，这对财务人员能力提出了新的要求。

IMA 指出，技术正在重新定义管理会计师的作用，同时也以前所未有的速度显著地改变着商业发展前景和管理会计专业，通过分析管理会计师所需的新兴能力并给出新的《IMA 管理会计能力素质框架》[①]，确定了六个领域的核心知识、技能和能力（如图 2-19 所示），并将每项能力划分为入门、初级、中级、高级和专家五个等级。其中，数据管理、数据分析与数据可视化是"技术和分析"领域的重要组成部分。

● **数据管理**：确保数据的可用性、实用性、完整性和安全性。

● **数据分析**：通过运用定量和定性的技术对数据进行提取、变换和分析，以便提高认知水平、改进预测和支持决策。

● **数据可视化**：直观展示数据，以更好地说明关键模式、趋势和相关性。

图 2-19　IMA 管理会计能力素质框架

---

① 　IMA.IMA 管理会计能力素质框架 [R].2019.

　　中国总会计师协会提出的"中国总会计师（CFO）能力框架"将使用数据的能力作为总会计师能力的重要组成部分，要求财务人员具备组织分析各项会计数据与业务数据（非会计数据），方便、安全、快捷、可靠、敏锐地利用数据支持决策的能力[①]。不仅是高层管理者，各级财务人员的职责都可能涉及数据治理和数据价值链相关的内容。

　　《智能财务研究蓝皮书》（第一辑）中提出了"CFO 的智能财务能力框架"[②]（如图 2-20 所示），要求财务人员的道德遵从能力、技术应用能力、业务洞察能力、变革管理能力和财务专业能力的平衡发展，数据思维和使用数据的能力已成为财务人员能力框架的重要组成部分。

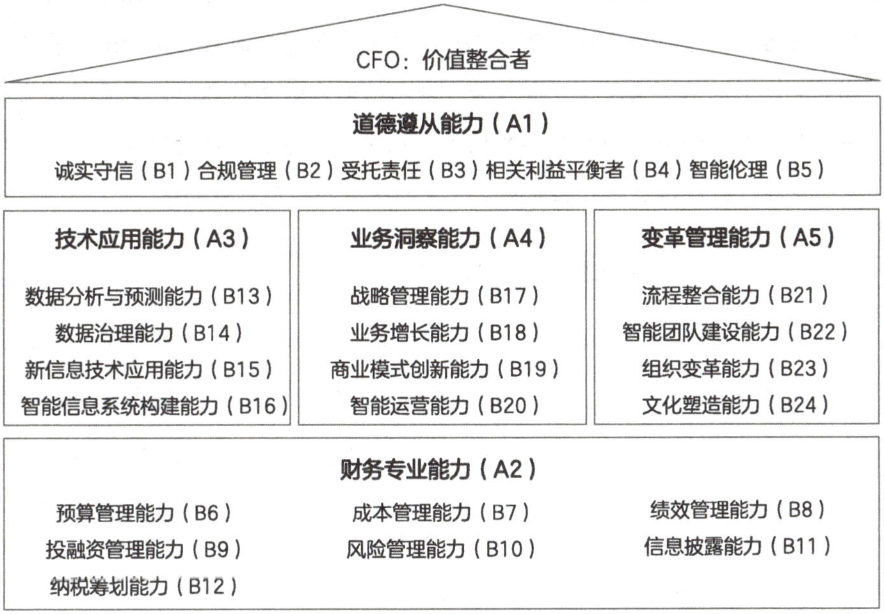

CFO：价值整合者

道德遵从能力（A1）
诚实守信（B1）合规管理（B2）受托责任（B3）相关利益平衡者（B4）智能伦理（B5）

技术应用能力（A3）
数据分析与预测能力（B13）
数据治理能力（B14）
新信息技术应用能力（B15）
智能信息系统构建能力（B16）

业务洞察能力（A4）
战略管理能力（B17）
业务增长能力（B18）
商业模式创新能力（B19）
智能运营能力（B20）

变革管理能力（A5）
流程整合能力（B21）
智能团队建设能力（B22）
组织变革能力（B23）
文化塑造能力（B24）

财务专业能力（A2）
预算管理能力（B6）　　成本管理能力（B7）　　绩效管理能力（B8）
投融资管理能力（B9）　风险管理能力（B10）　信息披露能力（B11）
纳税筹划能力（B12）

图 2-20　CFO 的智能财务能力框架

　　数字世界正在快速发展，新的技术和应用层出不穷，因此数据组织的

①　中国总会计师协会.中国总会计师（CFO）能力框架 [R].2019.
②　刘勤,吴忠生.智能财务研究蓝皮书(第一辑)[M].上海:立信会计出版社,2020.

人员需要具备较强的学习能力和适应能力，热衷于不断学习新技能，能够将数据转化为价值见解，并将见解传递给企业内所有人员。

〈 延伸阅读 〉

未来财务人员的转型之道 ①

我国企业正面临着前所未有的挑战，国际环境愈加复杂多变，加上新冠肺炎疫情对全球经济造成的影响，企业所处的商业环境发生了巨大变化；同时，以"大智移云物"为代表的颠覆性技术的深入应用，改变了传统的商业模式，加速融合与重塑行业。企业希望通过管理转型与变革实现降本增效和风险管控，以寻求自身区别于其他对手的竞争优势。面对企业精细化管理、高效化运营的转型需求，财务作为企业核心的战略支持部门，需要通过业财一体的信息化能力、分析与预测的数字化能力助力企业应对复杂的环境与艰巨的挑战，以及通过职能的变革及人才的转型来实现价值创造。

（1）财务人员的能力要求：知识、技能、才干

企业有生命周期和发展周期，不同企业在不同的发展层面上，所面对的管理需求不同，对财务的职能要求不同，需要的财务人员及对财务人员能力的要求也就不同。不同层级、不同岗位的财务人员，必需的能力结构存在差异。

初级财务人员的工作围绕票、账、表、钱、税开展，需要通过财务信息系统实现发票开具与查验、会计制证与单据审核、资金收付结算、纳税申报与筹划、财务报表编制与出具。此外，初级财务人员还需具备良好的沟通交流能力，能够理解并妥善处理不同业务部门的财务需求，应当锻炼时间管理能力以应对财务庞大的工作量，应当拥有自我管理能力以提升自身专业技能。

---

① 陈虎．未来财务人员的转型之道 [J]．新理财，2021(09):43-46．

中级财务人员应从四个方面扩充知识结构：从财务会计角度，需要了解企业会计准则及政策，管控会计核算与报表出具工作；从管理会计角度，需要学习全面预算管理、绩效管理、风险管理等；从财资管理角度，需要了解货币资金管理、投融资管理等；从税务管理的角度，需要掌握税务筹划、税务检查等税务知识。中级财务人员还需要了解财务信息化、智能化和数字化转型，以及企业运营管理、项目管理、质量管理，积极参与企业经营决策分析。

高级财务人员会参与企业商业战略的制定、分析、分解和执行，成为企业治理的重要支持者，因此需要了解企业价值管理、资源管理、企业并购和重组风险管理、战略性成本和税务管理，需要拓展宏观经济发展、技术变革趋势、研发营销创新等知识。高级财务人员需要站在企业全局视角洞察发展趋势，参与规划企业未来发展。

此外，中级和高级财务人员作为团队管理者，需要锻炼自身的团队管理、组织协调、资源调度、冲突处理能力，带领整个团队高效、融洽推进财务工作；与此同时，中级和高级财务人员还应当具备人才发现与人才培养的能力，为财务团队发掘和输送源源不断的有生力量。特别是高级财务人员，其更需要有远见卓识、创新思维、全局意识、宽广的视野、识人的能力。

因此，从企业对于人才的要求来说，财务人员的能力结构是由知识、技能、才干共同构成的。

（2）财务岗位的创新：财务"三师"

财务职能的变革推动了新的财务岗位的出现——财务设计师、财务工程师和财务分析师，我们称之为财务"三师"。三师是兼具财务知识与数字技术的综合型会计人才，将会成为财务转型的有力引领者、企业转型的重要建设者。

● **财务设计师。**

财务设计师是企业财务转型的设计者，在深入了解企业战略、核心业务流程与业务场景的基础上，设计财务变革与转型的规划和落地方案，提出具有可行性的实施路径，深入企业全价值链，建立财务与业务的广泛连接，推动企业业财一体化建设，使财务深度融入企业经营价值链，为业务创造价值。

● **财务工程师。**

财务工程师是企业财务信息化的建设者，基于业财融合的视角设计并实施企业财务信息系统的建设与优化。在此基础上，财务工程师需要进一步实现业财信息链路贯通，通过企业财务信息系统的对接打破企业数据烟囱，并且通过智能技术的应用提升业务处理的自动化与智能化水平，为企业全业务流程数字化奠定基础。

● **财务分析师。**

财务分析师是企业数据的分析者，是企业经营状况的描绘者，通过聚焦数据，利用数字技术采集、处理、展示数据背后隐藏的价值，以数据支撑企业决策与创新。财务分析师不仅需要关注企业内部的信息，还需要关注经济、行业、竞争对手、合作伙伴的信息，全面洞察企业经营状况，把握行业发展趋势并预测未来。

（3）财务人员的转型之道："五面"俱到的财会人才

技术升级加快了财务转型的进程，财务团队的能力需要转化为"财务+IT+DT"，即"财务部门的职能+IT的工具+数据管理的科学"。因此，在面对新的发展要求、新的职能定位、新的岗位需求时，财务人员应该抓住变革契机，顺势发展，最大限度地实现个人价值的自我培养与释放，积极响应财务转型，深入企业价值链，支持企业经营管理、战略推进。未来，企业需要的是懂会计规则、懂管理方法、懂技术工具、懂数据科学、懂商业战略的综合型财务人才。

● **懂会计规则。**

会计基于复式记账法构建出一套算法，在以"有借必有贷、借贷必相等"等理论为代表的会计规则的约束下，会计恒等式得以存在。企业将复杂的经营业务反映在会计科目之中，形成一套数据体系，按照企业会计准则及其他政策法规的要求以财务报表为载体对外披露企业价值。会计规则作为财务人员安身立命之本，是所有财务从业者必须掌握的内容。

●**懂管理方法**。

管理会计聚焦企业战略的执行、计划与预算、产品与服务交付、风险与控制、绩效与评价等环节，进而基于价值目标提供一系列的科学管理活动与方法，帮助企业透视经营管理的全过程。财务会计与管理会计的理论基础大不相同，管理会计侧重解决管理、激励、评价对象等问题，因此在管理会计实践过程中，财务人员需要学会应用多种管理工具与方法，提升管理会计水平。

●**懂技术工具**。

在"IT+DT"双轮驱动的企业数字化转型趋势中，财务人员必须更好地了解与应用技术工具。财务并不需要像技术人员一样，懂得代码与开发，但财务人员需要能够在每一个业务场景中，选择合适的工具来提升流程的自动化与智能化水平，并且能够沉淀流程中的价值数据。如今，已经有不少财务人员具备技术能力，比如：参与系统需求的设计，提高信息系统的易用性与客户体验；利用 API、RPA 等自动化工具，解决数据孤岛问题，实现全流程的系统支持；利用 OCR、NLP、知识图谱等智能工具，更高效地采集数据，进行业务审核，更全面地监控风险；利用数据中台、数据可视化等数据技术，来实现财务的数字化转型……IT+DT，使得财务拥有"超算中心"的能力。面对财务实务领域的技术变革浪潮，财务人员需要培养使用新兴技术工具的意识和能力。

●**懂数据科学**。

技术工具的使用提升了财务采集数据的效率和效果；数据科学理论和数字化能力则能帮助财务挖掘蕴藏于经营过程中的数据价值；数据治理系统、数据价值链和数字化平台工具，让财务能够将全量、实时的数据加工成为不同经营及决策场景下需要的数据产品和数据服务。这些转变让财务部门可以成为企业真正的数字神经系统，实现经营可视、快速决策，并基于数据洞察，发现新的市场机会点，从而推动企业数字化转型。

●**懂商业战略。**

未来的财务人员应当积极参与企业战略的制定与规划，并对战略的执行过程进行控制与纠偏，对执行结果进行评估与改进，为企业资源配置、风险防控提供建议，保障企业战略落地。

外部环境的变化、数据技术的发展会使财务持续变革，财务需要实现自身职能的拓展与转型，这就要求财务人员重塑知识及能力以积极迎接挑战。财务人员需要主动拥抱变化，重视会计规则，掌握会计方法，熟悉智能工具、数据技术和数据科学，保障企业战略有效落地，才能满足企业对复合型人才的需求，才能真正帮助企业创造价值。

掌握数据技术

企业想要从产生和采集到的数据中获取有价值的信息，则需要掌握相关技术和工具并依据自身的需求将其进行整合。对于有数据分析需求的小企业来说，Excel 或商业智能（BI）类的简单分析和可视化工具就可以满足需求。对于有数据分析需求的大企业而言，其需要主动且审慎地选择技术和工具，需要整体规划，不应该只关注单一技术和局部技术的应用，更应该重视整体部署，形成一套完整的数据技术架构。技术应用需要具备以下三个必要条件：一是数据，能够将分散的数据高效聚合起来，形成数据高质量的基础；二是算力，建立满足数据组织运行需要的、拥有强大算力的高性能数据分析环境；三是算法，利用人工智能等技术不断对数据算法和模型进行升级，加速数据资产变现。

从数据治理的角度出发，数据治理实践需要依托具体的软件工具来完成。随着技术的发展，软件工具的自动化、智能化水平不断地提高，在数据治理中的作用越来越大。目前业界很多厂商都开发了相关软件工具，其中，相对比较成熟的工具有数据标准管理工具、数据模型管理工具、元数据管理工具、主数据管理工具、数据质量管理工具、数据安全管理工具和数据生命周期管理工具等七类工具，这七类工具有的是单独系统，有的是相互组合在一起，形成包括多种功能的软件平台[①]。

从数据价值链的角度出发，应用的数据技术主要包括数据采集技术、数据清洗技术、数据分析技术和数据可视化技术等。通过采集分散的、异构数据源中的结构化数据或非结构化数据，进行清洗、转换、集成，加载至数据库或数据仓库中，作为数据分析的基础；利用机器学习和数据算法，借助编程软件、统计分析软件或内置算子的数据分析平台等工具实现数据算法模型的应用，并且利用可视化工具进行可视化呈现，使企业更好地理解和分析数据。关系数据库、数据仓库、ETL、OLAP（Online Analytical Processing，联机分析处理）、数据可视化等技术是已经产生并发展多年的技术，在 DT 时代不断补充、完善后又有所优化，分布式并行编程、分布式文件系统、分布式数据库、NoSQL（Not Only SQL，非关系型数据库）、云数据库等则是近年来新兴起的数据技术[②]。

在传统的 IT 建设方式下，企业的信息系统多为独立采购或建设的，数据孤岛问题比较严重，既无法支持经营决策，又无法应对快速变化的业务，企业需要在尽量不破坏前期信息化成果的基础上，将分散的数据整合起来。因此，当前许多大型企业选择建设统一的数据中台来对数据资产进行集中管理，提升整体的数据价值。

数据中台是一套让数据持续产生价值的机制，一套将数据变为资产并服务于业务的机制。数据中台通过实现企业内外部多源异构数据的采集、治理、建模、分析、应用，对内服务于业务、优化管理，对外通过数据共享和服务实现价值释放，成为企业数据资产管理中枢。数据中台建立后，会形成数据 API，为前端提供各种面向应用场景的高效数据服务，满足不同决策场景下的数据和分析需求[③]。

---

① 中国信息通信研究院云计算与大数据研究所，CCSA TC601 大数据技术标准推进委员会 . 数据资产管理实践白皮书：4.0 版 [R].2019.
② 林子雨 . 大数据技术原理与应用：第 2 版 [M]. 北京：人民邮电出版社 ,2017.
③ 付登坡，江敏，任寅姿，等 . 数据中台 让数据用起来 [M]. 北京：机械工业出版社 ,2020.

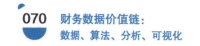
本章小结

数据的核心价值包括反馈价值与指导价值：前者是指利用历史数据完成事后统计与分析，对决策和行为的效果进行反馈；后者是指利用历史数据与即时数据，应用数据算法建模，深挖数据价值，指导或预测下一步行动方向。

为释放数据价值，财务需要构建数据价值体系。数据价值体系由三个模块组成，即数据发挥价值的基础——数据治理体系、数据发挥价值的途径——数据价值链、数据发挥价值的场景——决策场景。其中，数据治理体系有助于管理数据本身，持续提升数据质量；数据价值链由业务需求分析、数据采集、数据清洗、数据探索、数据算法和数据可视化六大步骤组成，是从原始数据到产生真正见解的整个数据生命周期中，逐步提取数据价值的可重复过程；决策场景承接战略决策，通过对宏观的战略目标进行分解，形成的基于场景的决策点，能实现数据价值精准获取。数据治理和数据价值链下的各种活动要面向各种决策场景，在 DT 时代财务能够提供支持的决策场景越来越多，从财务的本职工作扩展至支持业务决策场景的工作。

此外，数据价值体系要发挥作用，需要将数据文化、数据组织、数据人才和数据技术作为保障和基础，才能实现真正将数据用起来的目标。

第 3 章

数据价值链

第 2 章介绍了数据价值链包含的三大要素，以及围绕三大要素展开的六大步骤，即业务需求分析、数据采集、数据清洗、数据探索、数据算法和数据可视化。从本质上看，数据价值链就是数据向信息、知识、智慧逐步升华的过程，是数据价值释放的过程，而这个过程就好像厨师烹饪的过程，厨师的工作主要包括根据客户的需求完成买菜、洗菜、切菜、炒菜、摆盘上菜的一系列动作。数据价值链中的业务需求分析就是点菜，数据采集是买菜，数据清洗是洗菜，数据探索是切菜，数据算法是炒菜，数据可视化则是摆盘上菜。本章将深入介绍数据价值链的六大步骤，进一步介绍数据价值链。

点菜：业务需求分析

对于企业而言，数据价值链的起点是业务需求分析，因为脱离实际业务的分析不具有商业价值。如同酒店里厨艺精湛的厨师需要根据顾客点的菜来烹饪菜肴一样，如图 3-1 所示，不然很难使顾客满意。

图 3-1　点菜

理解业务需求

业务需求涉及企业经营管理的不同方面，数据价值链基于理解业务需求来解决实际问题。根据经营管理需要，企业的业务需求通常可分为四类：面对分析类的需求、面对描述类的需求、面对预警类的需求、面对预测类的需求。

第一，面对分析类的需求。例如，销售部门需要搞清楚，第三季度的销售额大幅下降的真正原因是什么。面对这类需求，首先，选择合适的量化评估指标；其次，按影响因素、业务过程对结果指标进行拆解，构建分析体系；最后，选择合适的方法组织和呈现信息。

第二，面对描述类的需求。例如，企业在运营管理过程中会形成一定的过程控制指标和管理考核指标，包括员工的工作效率、业绩贡献率等，作为绩效评价的重要依据，用以描述员工的工作成果、监督员工的工作执行情况。

第三，面对预警类的需求。例如，财务部门实时监控汇率变动情况，及时预警汇率风险。面对这类需求，首先明确需要进行预警的风险点，理解风险事件的成因和表现；再将风险事件的成因和表现转换为数据模型，通过异常值、条件判断等方式，设计预警识别规则。

第四，面对预测类的需求。例如，销售部门需要预测某件商品在第四季度的销售额是多少。面对这类需求，需要综合考虑预测对象的特征、预测精度、实施难度等，然后选择预测模型。常见的预测模型有：时序预测模型，基于历史数据的时间变化进行预测；多因素模型，需要评估筛选影响因素，构建多元回归或机器学习模型，对模型持续调优，以进行预测。

业务需求分析的具体步骤

数据价值链的业务需求分析可以首先从业务背景理解入手，明确业务需求究竟是什么；然后进行数据理解，明确业务需求该如何满足；最后，进行需求资源评估，明确需要用到哪些资源。

（1）业务背景理解

业务背景的理解方法有很多种，但究其本质，是将业务需求放在不同层面上进行定位。层次分析法，即通过将业务需求放在不同行业、业务域、需求层面上进行分解（如图 3-2 所示），以理解数据用户现状，定位业务需求所处的范围和层面。

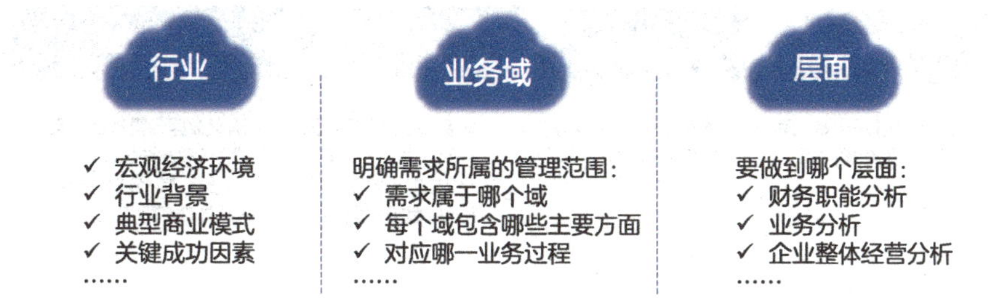

图 3-2 层次分析法

第一，了解数据用户所处的宏观经济环境、行业背景、典型商业模式等，从而了解其经营管理模式以及所处行业的成功关键因素。第二，明确业务需求所属的管理范围，确定需求属于哪个域、在这个域中包含哪些主要方面、对应哪一业务过程。第三，确定数据价值链最终要支持哪一决策需求，比如是财务职能分析需求、业务分析需求还是企业整体经营分析需求等。

业务背景理解可以帮助企业看清隐藏在表象下的真正情况。例如，A 连锁酒店需要提高经营利润，虽然酒店客房的定价策略有很大改进空间，可以根据历史客流量进行预测以制定动态价格，从而提高利润，但事实上这家连锁酒店的收入主要来源于固定的加盟费，想要提高经营利润应该从降低经营成本入手。在理解业务背景的基础之上，恰当设定问题将帮助企业更精准地明确业务根本需求，提升数据价值链的应用效果。比如，当我们询问同事新购买的手机体验感如何时，他回答："我觉得不太好用。""不太好用"这一回答是指应用起来有卡顿，待机时间过短，相机像素太低，或是指其他，我们不得而知。因此在理解业务背景时需要避免这种浮于表面或总体概括的理解，可以通过设定具体问题以深挖需求本质。

（2）数据理解

数据理解包括判断、转化、规划、明确数据这四个步骤（如图 3-3 所示）。

图 3-3　数据理解步骤

第一步，判断。在理解业务背景基础上，判断业务需求是否可以转换为数据问题。一些不符合商业逻辑、数据不足、数据质量极差的业务需求即使转化成了数据问题，也很难得到有效解决。例如，刚成立不久且信息化建设还没有落地的某企业销售部门，想要根据历史数据预测未来月度销量，但企业沉淀的相关数据量过少且全靠人工记录，数据基础薄弱，因此将这一业务需求转化为数据问题后得到的预测结果很大程度上缺乏准确性，难以让人信服。

第二步，转化。在前文中已经介绍过，可将业务需求分为面对分析类的需求、面对描述类的需求、面对预警类的需求、面对预测类的需求，通过分类将业务需求进一步转化为数据分析项目。

第三步，规划。针对已转化的数据分析项目探索解决路径：建立指标体系，运用 MECE 分析法、归纳推理、演绎推理、对比分析等思维模型，对后续工作进行初步规划。

第四步，明确数据。根据初步规划，评估转化而来的数据分析项目需要哪些数据并确定数据范围，考虑现有数据是否足以支持实现项目的目标，是否必须采集更多的数据，或是转换现有数据，或是从外部获取数据。通常情况下，项目开始时只着眼于可用数据，随着数据项目的长期发展，则不再只局限于当前数据，因此，企业可以考虑哪些数据是实现长期目标所需要的，哪些目标可以在现有数据的基础上实现。

（3）需求资源评估

确定数据分析项目后，项目人员需要在数据理解的基础上评估项目需求资源与可用资源是否匹配，包括可能会涉及的组织人力、技术、硬件设备等。需求资源评估需要在组织机构内部评估项目的复杂程度和可能存在的工具、设备、技术和技能等方面的差距。例如，现有团队是否拥有成熟的技术和技能？还需要哪些类型的技能和人员角色？所需要的专业知识在当下的组织内是否已经具备，是否需要再培养或新招聘？所需运用到的硬件设备是否到位？这些问题的答案将会影响团队的技术选型，以及数据项目后续阶段的实现方式。

〈 案例卡片 〉

如何分析知识分享数据库的业务需求 [①]

项目介绍：美国易安信公司（EMC）是一家信息存储资讯科技公司。EMC 成立了全球创新网络和分析（GINA）团队，想通过 GINA 团队创建全球范围的知识分享数据库，即 GINA 项目，旨在交流、积累学术知识，吸引全球各地 COE（Center of Excellence，卓越研究基地）的人员来从事研究创新工作并深化与各大高校间的合作。在开展数据采集工作之前，GINA 团队先进行了业务需求分析（如图 3-4 所示）。

---

① 案例改编自 EMC Education Services 的《数据科学与大数据分析：数据的发现分析 可视化与表示》。

图 3-4　业务需求分析

　　业务背景理解：GINA 团队计划创建数据库，用以存储正式和非正式
的数据，以更加完善可靠的机制来记录他们与 EMC 内部、学术界以及其他
组织机构的人员间的非正式对话，进而实现两个目标——第一，追踪全球
技术专家的研究成果；第二，挖掘见解以推动实现团队的运营与战略目标。

　　数据理解：GINA 团队首先根据项目具体需求进行判断，将 GINA 项
目转化为描述性分析和预测性分析这两个子项目。描述性分析具体指：对
当前正在发生的能进一步激发创造力、促进合作和资产生成的事件进行描
述。预测性分析具体指：通过预测模型向管理层提出与未来投资的方向和
领域有关的建议。之后，GINA 团队基于两个子项目做初步规划。并确定
主要的数据范围，包括两类：第一类，近五年的 EMC 内部创新竞赛相关数
据，可从 EMC 研究团队内部获得；第二类，来自世界各地创新和研究活动
的备忘录和笔记，需从 EMC 业务部门采集或通过外部购买获得。

　　需求资源评估：规划将运用的大数据采集及存储技术、数据挖掘技术
和机器学习的技术及相关硬件设备，并配置商业智能分析师、数据工程师、
数据库管理员、数据科学家等具备高级数字化能力的专业人员。由于 EMC
是一家处于发展前沿的高科技公司，因此所需资源均可通过内部配置获得。

　　自此，EMC 公司便完成了 GINA 项目的前期业务需求分析。

买菜：数据采集

　　在顾客点菜后，厨师明确了需要烹饪的菜肴是什么，也就明确了烹饪所需要的食材都有哪些。数据采集好比去超市购买食材，将所需的数据收入"篮中"，如图 3-5 所示。

图 3- 5 买菜

理解数据采集

　　数据采集指从不同的来源获得各种类型、各种结构的海量数据。在经营管理过程中，企业无时无刻不在产生数据。数据的采集方式复杂多样，想要梳理清楚，理解数据分类、结构化数据与非结构化数据、数据采集的原则是关键。

（1）数据分类

企业产生并形成的数据体系往往庞大而复杂，为了更好地掌控和使用数据，需要对数据进行分类研究。明确分类标准是分类的前提，影响着认识和看待数据的角度。数据的分类标准有很多，企业可以从数据的存储方式、数据的存储格式、数据所描述的对象属性特征等角度对数据进行分类。

数据按照不同的存储方式，可分为手工统计在纸质表格中的数据、存储在计算机电子表格中的数据、存储在管理信息系统中的数据、存储在云端数据库中的数据（如图3-6所示）。从纸质表格到云端数据库，数据存储技术不断升级，高效、稳定、安全的电子化数据存储方式越来越普及，存储成本也大大降低。

纸质表格　　　电子表格　　　管理信息系统　　　云端数据库

图3-6　数据的不同存储方式

数据按照不同的存储格式，可分为数值型（按数字尺度测量的观察值）、文本型（包括字符型、短文本、长文本等）、视频型（包括图片型、音频型、视频型等格式）数据等（如图3-7所示）。愈加高级、多样的数据存储格式为数据价值链提供全景式的数据记录，以高保真的形式准确反映数据状态。

数值型数据　　　　文本型数据　　　图片　　　视频型数据
　　　　　　　　　　　　　　　　　音频

图3-7　不同存储格式的数据

　　数据按照所描述的对象，可分成静态数据和动态数据。对对象本身进行描述的数据被称作静态数据，记录事物在某个时间节点上的状态。而对对象的活动进行描述的数据被称作动态数据，记录事物在不同时间节点的状态，反映事物的动态变化。比如，截至某日北京时间 14:30，原油期货价格上涨至 63.24 美元 / 桶，一天内涨幅达 1.32%。在这句话的语境中，"63.24 美元 / 桶"是静态数据，"涨幅达 1.32%"是动态数据。

（2）结构化数据与非结构化数据

　　根据数据在存储和处理过程中的结构设计，可将数据分为结构化数据、非结构化数据、半结构化数据。面对不同数据，数据采集和处理的效率也会不同。

　　结构化数据主要指在数据存储和数据处理过程中结构设计比较合理的数据，由二维表（由行和列组成）结构来表达（如表 3-1 所示）。结构化数据因格式相对规范统一，是最易被采集、使用的数据。

表 3-1　结构化数据表格

科目代码	科目名称	期初余额		本期发生额		期末余额	
		借	贷	借	贷	借	贷
1001	库存现金						
1002	银行存款						
1221	其他应收款						
2211	应付职工薪酬						
……							

　　对标结构化数据，非结构化数据则是指不能由固定的行和列组成的二维表结构来表示和存储的数据。常见的非结构化数据包括文本文档、图片、音频及视频信息等。非结构化数据的格式和信息组织形式均不规则，不便于数据采集、分析。

　　半结构化数据介于结构化数据和非结构化数据之间，具有一定的结构，但结构不规则，可以通过处理转化为结构化数据。例如，企业人力资源部收到的应聘者简历就是半结构化数据，每份简历的信息陈列结构都不相同，但所涉及的内容大致相同（如图 3-8 所示），包括个人基本信息、教育背景、工作经历等，可以通过设计统一结构的表格将每份简历的内容结构重新梳理（如表 3-2 所示），从而转化为结构化数据。由于半结构化数据往往都会转化为结构化数据来处理，所以本书着重介绍结构化数据与非结构化数据。

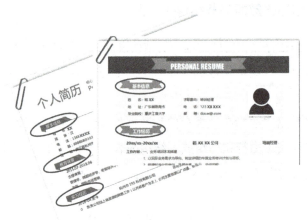

图 3-8　应聘者简历

表 3-2　应聘者个人信息表（部分）

个人信息表					
			填写 / 更新时间：　　年　月　日		
基本情况	姓名		性别		政治面貌	
	出生时间		民族		籍贯	
	联系电话		邮箱		住址	
教育背景	学历	学校		专业	形式	就读时间
工作经历	公司	职位	主要工作职责			工作时间
			......			

（3）数据采集的原则

数据采集需要保证数据全面覆盖、质量较好、周期一致、粒度一致、持续生产，这是数据采集需要遵循的五大原则[①]。

● **全面覆盖**。

数据采集应尽量全面，这样能保证从中找到重要的数据特征。如果数据采集不全面，比如描述 A 公司客户画像时，只采集部分销售区域的客户数据，那么后续处理分析数据时能做的工作将很有限。

● **质量较好**。

数据需要达到分析的基本质量标准才可采集使用，否则，将为数据价值链引入过多的"噪声"和"杂质"，导致数据清洗难以进行，甚至带来错误的引导，严重影响分析结果的准确性和可用性。

● **周期一致**。

应尽量按照产生周期组织数据采集工作，尽量保证周期内的数据都相对完整、连贯，这样更有助于反映同一周期内相关事物的作用与关系，挖掘数据潜在规律。

● **粒度一致**。

粒度可以理解为事物的层次，比如地图，省级视图、市级视图、县级视图，这种从省到县的变化即为粒度变小的过程。数据采集需要注意数据的粒度是否一致，如果不一致，数据无法整合，则会丧失采集数据的意义。

● **持续生产**。

面对监控预警类、预测类分析，数据采集需要保证数据的持续生产，所谓持续生产是指用于分析的数据可以持续提供。比如，在监控某一流域水位变化以防突发洪水时，水位每一次变化所产生的数据都应被捕捉到，否则会带来风险。监控预警类、预测类分析需要持续进行才具有意义，数据持续生产才可保证工作的顺利开展。

---

① 游皓麟 .Python 预测之美：数据分析与算法实战 [M]. 北京：电子工业出版社 ,2020.

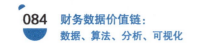

数据采集常用的方法与技术

数据采集的方法与技术多种多样，下面主要介绍系统日志采集、网络数据采集、数据库采集（如图 3-9 所示）。

系统日志采集
采集系统日志数据

网络数据采集
采集网络数据
➢ API
➢ 网络爬虫

数据库采集
与企业业务后台
服务器相连，采
集数据库数据

图 3-9　三种数据采集方法与技术

（1）系统日志采集

企业的业务平台及各个信息系统每天都会产生大量的日志数据。日志数据是记录 IT 系统产生的过程性事件的数据，通过查看日志数据，企业可以了解具体哪个用户、在什么时间、在哪台设备或者应用系统中做了什么。

日志采集系统主要记录系统中与硬件、软件和系统问题相关的信息，监视系统中发生的事件，用户可以通过它来查找系统错误发生的原因，或者在受到攻击时寻找攻击者留下的痕迹；同时，采集的日志数据，还可供离线和在线实时分析时使用。目前，常用的日志采集系统有 Flume（由 Cloudera 公司开发提供的日志采集系统）、Scribe（由 Facebook 公司开发提供的日志采集系统）等，此类日志采集系统能够满足目前人们对数据采集速度的需求。

（2）网络数据采集

对网络数据进行采集的方法有两种：借助 API 与网络爬虫。

● API。

API 指应用程序接口，是一些预先定义的函数，目的是提供应用程序与开发人员基于某软件或硬件得以访问一组例程^①的能力，而又无须访问原码，或理解内部工作机制的细节。通俗来讲，API 是不同软件组件进行信息交互的接口，API 协议规定了组件间的交互方式——如何发送请求和接收响应。API 具有"接入黑匣子的接口"的特性，就算企业不知道如何操作，也能将产品或服务系统相互联通，在企业开发新的工具、系统或管理现有工具和系统时，强大且灵活的 API 可以帮助其简化设计、管理和使用，以此简化应用开发，节省时间，降低成本。

● **网络爬虫。**

网上公开发布的可以抓取的数据，例如国家企业信用信息公示系统、税务局网站、证券交易所网站、社交网站等公开渠道发布的信息，常以网页形式存在，一般可通过网络爬虫技术，按照一定的规则抓取数据，并将抓取的数据转化为结构化数据。目前，常用的网页爬虫工具有 Apache Nutch（用 Java 编写的网络爬虫框架）、Scrapy（用 Python 编写的网络爬虫框架）等。Apache Nutch 是一个高度可扩展、可伸缩的分布式爬虫框架，可多个机器并行做爬取任务，充分利用了机器的计算资源和存储能力。Scrapy 是单机爬虫框架，提供给开发人员便利的爬虫 API，因此开发人员只需要关心爬虫 API 的实现，不需要关心具体框架是怎样的，这大大提高了开发人员的开发速度。

（3）数据库采集

一些企业会使用传统的关系型数据库，比如 MySQL（由 MySQL AB 公司开发的数据库管理系统）、Oracle（由甲骨文公司开发的数据库管理系统）等，或者使用不同于传统关系型数据库的数据库管理系统来采集、存储数据。数据库采集系统直接与企业业务后台服务器相连，企业产生的业务数据被直接写入数据库中。

现代的关系型数据库管理系统将数据结构和数据内容分离，允许用

---

① 例程是某个系统对外提供的功能接口或服务的集合。

户通过控制和管理的方式来访问数据，同时兼顾数据的安全性和一致性。NoSQL 数据库是不同于传统关系型数据库的数据库管理系统总称，这种数据库能够满足对数据的高并发读写、高效存储和访问等需求，为 SNS（Social Network Service，社交网络服务）网站等规模大、并发数高的应用提供符合其性能的解决方案。例如，谷歌开发的分布式存储系统 BigTable、亚马逊开发的存储平台 Dynamo 等，都属于 NoSQL 数据库。

洗菜：数据清洗

可靠的数据质量是数据分析结果可信的基础，而采集到的数据难免存在错误。因此，在开启数据探索之前，需要了解采集到的原始数据的质量，将缺失数据、异常数据、不一致数据等进行补充、替换或剔除，就像买菜回来后，需要先将菜浸泡、去泥、过水、削皮，即洗菜一样，如图 3-10 所示。

图 3-10　洗菜

理解数据清洗

（1）数据清洗的含义

在完成数据的采集后，下一步就准备发掘数据价值了，但有时候分析人员花了大量时间分析来自传感器、系统日志和调研所采集到的数据，运用了精密复杂的算法，设计了丰富全面的图表，结果却总是不尽如人意。而这一切的主要原因最有可能是没有重视数据清洗和数据质量。

什么是数据清洗？数据清洗其实就是处理"脏"数据（Dirty Data）的过程。在实务中，所采集到的原始数据时常会存在数据缺失、数据重复、数值异常、拼写错误等问题，尤其是对于存在多个数据源、需要手工进行数据录入的数据集来说，还会存在时间周期不一致、数据记录不规范、格式错误等问题，严重影响后续工作的开展。因此在正式进行数据分析和数据可视化之前，必须经过数据清洗来去除或修正数据中的错误。

● **"垃圾进，垃圾出"。**

试想一下"脏"数据会对企业经营造成哪些影响。营销团队使用了低质量的市场调查数据，可能会对市场偏好的判断产生偏差；销售部门没有完整和准确的客户数据，可能无法与部分老客户再次合作；生产部门按照错误的数据配置生产设备导致制造过程出现问题。使用低质量的"脏"数据会付出极大的代价，借用一句信息技术领域的俗语，"垃圾进，垃圾出（Garbage in, Garbage out）。"如果没有可靠的数据作为支撑，再复杂的算法模型、再丰富的可视化设计也没办法真正发挥作用，数据价值释放将是无源之水。

● **数据清洗的作用。**

数据清洗直接的作用就是提升待分析数据的质量。高质量的数据能够提升日常工作和企业经营效率。如果数据集中存在大量重复、异常和不一致的问题，分析人员每次在进行数据分析之前，都需要花很多时间找到真正有价值的数据，而不能聚焦于核心业务问题上。通过数据清洗，将常见数据错误进行记录，并将清洗过的数据回流至数据集，不断沉淀清洗规则、提升清洗效率，能够有效提升数据价值链的敏捷性，让分析人员有更多时间关注经营问题和业务逻辑。此外，高质量的数据能够帮助数据使用者做出正确的决策。一切有价值的分析都需要建立在数据质量可靠的基础上。

（2）数据清洗的原则

数据清洗是为了保证数据的质量，进而获得高质量的分析结果，因此首先需要对高质量数据的标准进行定义，厘清数据清洗需要遵循的原则。

一般来说，数据清洗的原则包括数据可信性和数据可用性两个方面：数据可信性包括真实性、精确性、完整性、一致性、有效性和唯一性；数据可用性包括时效性和稳定性。

● **真实性**。

数据真实性是指采集到的观测对象数据与观测对象的真实数据之间的接近程度，二者间的差距称为采集误差或观测误差，误差值的大小与采集方法和采集过程是否可控、数据是否可溯源有关。

● **精确性**。

数据精确性是指对同一观测对象进行多次重复数据采集时所得到的不同观测数据之间的接近程度。通常情况下，数据采集的粒度越细、计量单位越精确，各观测数据间的差异性就越小。

● **完整性**。

数据完整性可以衡量应采集数据和实际采集到数据的差距是否过大，应采集的数据是否采集全面，采集点是否有遗漏，采集到的数据是否缺失等。

● **一致性**。

数据一致性描述了不同系统中同实体、同属性的数据及数据特征是否一致，包括字段属性、单位、格式、数值等。

● **有效性**。

数据有效性描述数据是否满足数据使用者定义的条件或符合客观规律。例如，手机号一定是 11 位的，考试成绩不能是负数等。

● **唯一性**。

数据唯一性用来描述数据是否存在重复记录的情况。重复数据对后续数据分析的结果有较大影响，因此要剔除重复数据。通常需要对比多个字段来确认数据是否重复。

● **时效性**。

时效性用来衡量数据是当前数据还是历史数据。对于当前数据，能否在需要的时候获取到；对于历史数据，过早产生的数据对数据分析的贡献可能是有限的，例如要分析近两年的房地产行业上市公司数据，那么两年前的数据的价值就不大。因此,采集到数据后,需要对其进行筛选。

● **稳定性。**

稳定性用来衡量数据的波动程度和离散程度,用于数据分析的数据在一定周期内不要有太大波动或较为明显的异常值,否则很容易影响模型的稳定性。例如第 6 章中的 K-Means 算法对异常值就非常敏感,因为异常值会显著影响聚类中心的位置。

数据清洗的具体步骤

通过数据清洗分析"脏"数据产生的原因和存在形式,从产生数据的源头开始分析,考查数据流经的每一个环节,提取出数据清洗的规则和策略。利用业务知识将清洗规则和特定的清洗方法应用于原始数据集,从而获得满足质量要求的数据集。数据清洗的整体流程如下(如图 3-11 所示)。

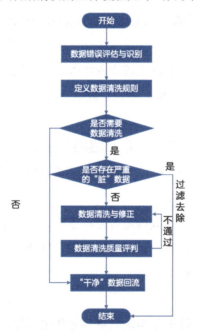

图 3-11　数据清洗的流程

● **数据错误评估与识别**。

首先要明确和识别待分析数据集中要清洗的数据错误，通过评估数据质量了解数据现状，评估数据"脏"的程度，采取手工检查或计算机自动分析的方法来发现数据集中存在的缺陷。

● **定义数据清洗规则**。

依据数据错误识别分析的结果来定义清洗规则和清洗策略，并选择合适的清洗方法，对各种数据错误依次展开清洗。

● **数据清洗与修正**。

通常情况下，原始数据集都会存在数据缺失、不一致或异常等问题，严重影响数据分析的结果，因此需要对数据集进行逐项检查，执行数据清洗规则，修正数据集中存在的问题。有一点需要注意，在对原始数据集进行清洗时，要做好数据备份，以便撤销清洗操作。

● **数据清洗质量评判**。

在完成数据清洗与修正后，需要对数据质量进行评判，也是对数据清洗执行效果的评价。在评判标准的设计方面，需要遵循数据可信和数据可用的原则。

● **"干净"数据回流**。

在通过质量评判后，应对数据错误类型进行记录，便于在数据分析之前把握数据质量。同时，用处理好的"干净"数据替换原数据集中的"脏"数据，在此基础上展开数据分析的工作。

切菜：数据探索

　　要做成一道菜，仅仅洗菜是不够的，还需要依据想做的菜式和食材的特质将其切成合适的形状（如图 3-12 所示）。同样地，在数据价值链中，仅采集数据、清洗数据也是不够的，还需要对数据有基本的了解，对数据特征进行探索。

图 3-12　切菜

理解数据探索

　　数据探索是指通过制作图表、计算统计量等方法来探索数据内在结构和规律，了解数据集自身特点及数据间的相互关系的一种开放性分析方法。大量的数据常会让人无从下手，因此通过数据探索来构建对于数据的初始认知是非常必要的。数据探索以描述数据特征、揭示数据规律为目标，有助于真实、直接地观察到数据的结构及特征。

数据分析并非一定要使用复杂的算法模型，利用统计学原理，通过一些直观的描述和相关分析同样可以发现数据背后的价值。在进行数据算法建模之前，了解数据的整体情况，对数据的主要特征、规律进行概括，为后续数据算法模型的构建提供输入依据。

数据探索的具体步骤

在整个数据价值链内，数据探索是介于数据清洗和数据算法之间的重要环节，是初步的数据分析。数据探索过程可以分为统计特征分析、数据分布推断、相关性分析三个步骤（如图 3-13 所示）。通过统计特征分析了解数据整体情况，通过数据分布推断得知数据总体分布，通过相关性分析获得两种及以上数据变量间的关系。

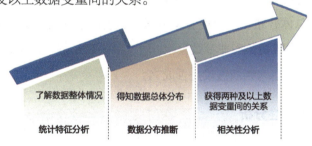

了解数据整体情况	得知数据总体分布	获得两种及以上数据变量间的关系
统计特征分析	**数据分布推断**	**相关性分析**

图 3-13　数据探索的内容及步骤

（1）统计特征分析

在获得大量数据后，需要了解数据的整体特征，因此需要用统计指标对定量数据进行统计特征分析。统计特征分析又称描述性统计分析，可以从集中趋势、离散趋势、分布形态三个方面刻画数据特征。常见的衡量样本数据集中趋势的统计指标包括算术平均数、中位数和众数等，衡量离散趋势的指标包括极差、标准差及方差等，衡量分布形态的指标包括峰度和偏度。

（2）数据分布推断

分析数据特征的另一个关键步骤是对数据分布进行推断。数据概率分布可以描述随机变量取值的概率规律，根据数据取值类型的不同，概率分布可以分为离散型分布（例如抛硬币结果或学生考试成绩的分布情况）和连续型分布两类（例如人的身高或体重的分布情况）。常见的离散型分布包括二项分布、超几何分布、泊松分布等，常见的连续型分布包括均匀分布、指数分布、正态分布等。

概率分布规律能够帮助解决特定条件下的问题，在选择算法建模之前，通常会给定某事件服从某种分布的条件，可以说大多数的数据科学或机器学习技能都是建立在数据概率分布假设的基础上，计算与推理都是在此基础上得来的。因此在观察到样本数据后，还需要了解其具体服从的分布。

在实际情况中，分析人员可能只能获得部分样本数据，需要依靠样本数据来推测总体分布。假设检验是根据一定假设条件由样本推断总体的一种方法，分为参数检验和非参数检验，通过事先对分布形式做出某种假设，然后利用样本信息来判断假设是否成立。

（3）相关性分析

● 什么是相关性分析。

在研究两种及以上数据变量之间的关系时，就会用到相关性分析。变量间的相关关系既可能是正向相关也可能是负向相关，或是数据变量间不存在相关性。在生活中经常会遇到应用相关性分析的情景，例如研究身高与体重的关系、学习时间与成绩的关系、工作压力与寿命的关系等。

总的来说，相关性分析可以用于初步判断变量间的关系，具体分为二元变量相关分析（Pearson 相关系数、Spearman 相关系数、Kendall 秩相关系数等）、偏相关分析、距离相关分析三类。

● 相关关系不等同于因果关系。

在实际工作中，要注意区分相关关系和因果关系，避免概念混淆导致错误的结论，降低分析质量。

因果关系是指 B 产生是因为 A，A 是 B 产生的决定性因素，在控制其他影响因素的前提下，A 的发生依然会影响 B，这才是真实的因果关系。例如，在控制个人体质、食物类型、个体自然属性的影响因素下，暴饮暴食会导致肥胖。

相关关系是指 A、B 共同发生变化，存在互相依存的关系，但是不能仅凭 A 与 B 之间的正相关关系就判断二者存在因果关系，很可能是一个未知的因素 C 使 B 产生，或者纯属巧合。例如，受教育程度高的人通常工资水平也较高，但实质上工作技能的强弱才是工资水平的决定性因素，受教育程度可以影响工作技能，从而影响工资水平，受教育程度与工资水平只是相关关系。

〈 案例卡片 〉

吸烟是否会影响寿命 ①

英国某健康研究机构随机调查了 1 314 名志愿者，其中 582 名吸烟者，732 名不吸烟者。20 年后，跟踪调查显示，吸烟者的死亡率为 24%，而不吸烟者死亡率为 31%，并给出了一份统计报告（节选，如表 3-3 所示）。

表 3-3　吸烟与寿命关系的统计结果

数量单位：名

是否吸烟	是否存活		合计
	死亡	存活	
是	139（24%）	443（76%）	582
否	230（31%）	502（69%）	732
合计	369	945	1 314

表 3-3 显示，吸烟者的死亡率比不吸烟者的低。如果仅看"是否吸烟"和"死亡率"，则会出现"吸烟使人长寿"的奇怪结论。这种表象上

---

① 案例来源于腾讯大讲堂专栏中的《无处不在的辛普森悖论》。

的相关性，不能盲目地将其认作因果关系。因为在分析过程中忽略了一个很重要的变量——年龄。考虑年龄因素后，该机构按年龄分组再重新组织数据，使用分组柱形图更利于人们看清不同年龄组吸烟者和不吸烟者死亡率的差异（如图 3-14 所示）。

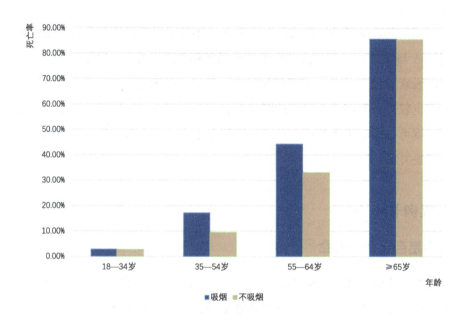

图 3-14　按年龄分组的吸烟与死亡率关系

可以看到，34 岁以下的青年人是否吸烟对其死亡率的影响不大；在 65 岁以上的老年人中，是否吸烟对其死亡率的影响也不大，因为 20 年之后，他们的年龄都在 85 岁以上，死亡率本身就很高。但是对于 35 岁到 64 岁的人群，不吸烟组比吸烟组的死亡率明显低。

因此，相关关系并不等同于因果关系，只有在控制了其他影响因素的前提下，A 的发生依然会影响 B，二者才能被称为真实的因果关系。

炒菜：数据算法

要理解数据背后的逻辑和规律，数据探索很可能无法满足业务需求，此时可以利用数据算法进行深度分析。就如同在切完菜之后，厨师还需要依据要炒的菜式选择合适的烹饪方法和适量的调味品来炒制食材，如图3-15 所示。

图 3-15　炒菜

理解数据算法

（1）数据算法的概念

数据算法是一系列有助于解决问题和实现目标的规则，代表着系统性的解题方法和策略，能够将一定规范的输入信息，在有限时间内转换为所要求的输出信息，数据算法是数据价值链的核心。从企业的角度来看，数据算法也可以理解为基于管理思维通过提炼数据，形成的符合企业价值诉求的思路和方法。生活中能够被总结出的有助于达成某个目的的途径，都可以理解为广义的数据算法。

回到数据算法在计算机建模领域的应用，数据算法是模型构建的核心，它具有逻辑严密、可复用的特点，需要运用计算机语言将简单的指令组合成复杂的逻辑推理链条。DT 时代的到来对数据算法提出了新的要求，算法的迭代方向与商业逻辑、机制设计、价值观等一致。机器和系统、数据和模型本身的特征、人们对于未来商业逻辑的理解都会影响算法演进。

（2）数据算法常用类型

常见的数据算法模型包括回归、时间序列、分类、聚类、关联规则五类。其中，回归分析和时间序列分析通常用来做预测分析：回归分析用以确定两种或两种以上变量间相互依赖的定量关系，时间序列分析则通过分解历史变化中的总体趋势、周期性、季节性、波动性等要素来预测未来数值。分类算法则能够在标签已知的前提下向事物分配标签，将事物归类；聚类算法能够在预先不知道可以分为几类的情况下，根据信息相似度原则进行信息聚类；关联规则算法能够从大量数据中发现数据之间的联系，例如"购物篮分析"就是典型的关联规则算法的应用场景。

数据算法应用的具体步骤

数据算法的应用路径分为选择算法、模型训练、验证测试、应用与评估优化，通过匹配合适的算法，利用数据集不断训练、测试、评估模型，并依据实际应用效果反馈不断优化迭代模型（如图 3-16 所示）。

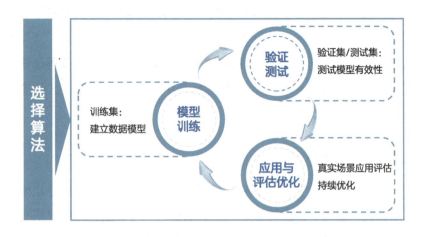

图 3-16　数据算法应用的具体步骤

（1）选择算法

人们通常以算法与业务需求的匹配性、算法的可理解性、算法对数据的要求为依据来选择合适的算法。对于任何给定的问题，一般有多种算法可以完成这项工作。具体该如何选择呢？答案就是，需要反复尝试。在构建模型的前期一般会选择易理解、更形象直观的算法，用以说明可实现性，如线性回归、逻辑回归等；而在算法改进的后期，一般会选择神经网络、支持向量机等黑箱算法，即内在逻辑复杂、不可理解的算法，以提升建模精度。

数据转换是实现算法应用的前提，所使用的数据必须从原始非标准格式转换为标准数据格式，并且要符合模型的限制条件。通常可以基于分析需求的场景和已选定算法模型的要求进行字段截取、替换、编码转换等操作，经过必要的变量合并、拆分、计算等加工步骤，实现数据的整合汇总，形成满足算法模型要求的数据形式。

（2）模型训练

在模型开发的过程中，分析人员希望模型能够在实践应用中有良好的表现，因此为了检验模型的拟合程度，可以将数据集划分为训练集和测试集两部分。占比较大的部分作为训练集，较小部分作为测试集，具体比例因具体情况而定。随后，利用训练集建立数据模型，例如在交叉验证法下，训练集会被随机等分为 k 份，交替选择其中 $k-1$ 个子训练集进行模型训练，算法被执行 k 次。

（3）验证测试

测试模型的目的在于评估最终模型的泛化能力，判断是否停止模型训练。所谓泛化能力，是指模型适应新数据集的能力，能否对学习范围之外的数据给出合适的结果，例如在训练集上表现良好的聚类模型在新的测试集上能否同样清晰地将数据分成几类，因此需要利用测试集对模型的效果进行进一步评估。

同样在交叉验证法下，算法执行 k 次，各个子训练集轮流作为验证集（训练集、测试集和验证集的关系如图 3-17 所示），每次完成验证都会得到一个误差值，对 k 次误差求平均值即得到模型误差，这一过程被称为 k 折验证。当然，也可以选择 n 次 k 折验证的形式，即将上述的模型训练和验证步骤重复 n 次。最后，选择有最小平均误差的模型作为最终模型，并在测试集上再次进行测试，得到最终模型的泛化能力。依据测试结果，选择合适的模型，并将其应用于真实的业务场景。

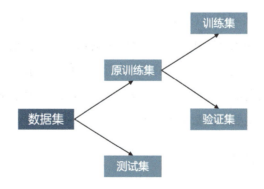

图 3-17 交叉验证法下训练集、测试集与验证集的关系

（4）应用与评估优化

通过测试后的模型将应用于实际业务，需要结合业务反馈效果进行模型调整。可以说模型的应用是一个不断迭代的过程，需要定期验证模型的稳定性，并结合业务侧的意见，根据数据特征和业务规律修正模型，制定新的模型应用和运营计划。

﹤ 案例卡片 ﹥

年货节广告投放项目[①]

项目背景：某公司计划在年货节前夕进行广告投放，由公司营销策略组负责本次广告投放策略的制定。与以往的程序化广告不同的是，营销策略组需要根据各品牌的营销需求（包括目标、渠道、时间、预算等条件）识别出特定规模的目标人群，有针对性地投放广告。

项目目标：营销策略组通过利用"大数据+算法"对旗下某品牌产品目标人群进行分析，建立人群优选算法模型，识别目标受众，挖掘品牌目标潜在客户，提高广告对兴趣人群的转化比率。

选择算法：根据项目目标，营销策略组采用"多方向人群扩散+人群分类优选模型"的分析策略（如图 3-18 所示），选择分类算法中的决策树模型。在人群扩散方向上，基于品牌种子人群，通过兴趣偏好、相关品类、竞品人群、搜索人群、流失人群、同好人群 6 类方向获取种子扩散人群，得到候选用户集，作为人群分类优选模型的输入项。

---

① 案例改编自阿里技术官方网站发布的案例。资料来源于云鸣、林君、泊智、一初的《如何发现品牌潜客？目标人群优选算法模型及实践解析》。

图 3-18　项目方案整体流程 ①

　　模型训练与验证测试：以品牌目标人群为正样本，从购买其他品牌的人群中随机抽取负样本②，从属性特征、偏好特征、品类特征、竞品特征、搜索特征 5 个方面训练并不断优化人群分类优选模型，增强其非线性拟合能力。测试优化后的模型在测试集上的表现，如若仍然表现不佳，需要返回模型训练阶段，进一步优化人群分类优选模型。

　　应用效果追踪：该品牌广告的实际投放效果显著，算法优选人群相比基于业务经验使用规则圈选的人群，在"机会人群到兴趣人群的转化率"指标上高出 47%，显示了人群优选算法的有效性。

---

①　"PredictTA TopN Precision"是一个指标名称，它表示优选人群中品牌目标人群的占比，该指标值越大，则说明人群分类优选模型的效果越好。
②　在分类问题中，正样本是分析人员想要正确分类的类别所对应的样本，负样本是相对于正样本存在的概念，即不属于该类别的样本。例如，希望训练机器识别出带有汽车的图片，那么带有汽车的图片就是正样本，其余图片则是负样本。

上菜：数据可视化

经过了一系列的加工处理步骤，美味佳肴终于可以出锅。最后，只等摆盘上菜（如图 3-19 所示），呈现于顾客面前，期待顾客尽情享用。

图 3-19　上菜

理解数据可视化

（1）数据可视化的含义

数据可视化是运用计算机图形理论及图像处理方式，借助图表、视频等增强数据内容直观感受性及可理解性的视觉展现形式，以呈现数据内涵与数据分析的结果。例如，中兴新云财经云图可视化是对财务相关数据及分析结果的可视化呈现（如图 3-20 所示）。

现代的数据可视化综合运用计算机图形学、图像处理、人机交互等技术，处理后的数据可通过数据库、文件、流数据和封装 API 等形式获取，转化为可识别的图像符号、图像、视频或动画，以此呈现对用户有价值的信息。用户通过对数据可视化的感知，获取知识，提升智慧。

图 3-20　中兴新云财经云图可视化图示

（2）数据可视化的设计原则

数据可视化的主要设计原则有以下四个方面[①]。

● **利用先验知识。**

要实现数据可视化，设计者需充分利用已有的先验知识。一般而言，可视化的一个核心作用是使用户在最短的时间内获取数据的整体信息和大部分细节信息，用户通过直接观察数据显然无法完成。如果设计者能够基于先验知识预测用户在观察可视化结果时的行为和期望，并以此指导可视化设计过程，则可以在一定程度上帮助用户提升对可视化结果的理解，从

① 陈为,沈则潜,陶煜波.数据可视化：第 2 版 [M].北京：电子工业出版社,2019.

而提高可视化设计的可用性和功能性。

●　**选择合适的视图与交互设计。**

对于简单的数据，使用一个基本的可视化视图就可以展现数据的所有信息；对于复杂的数据，就需要使用较为复杂的可视化视图，甚至为此设计新的视图，以有效地展示数据所包含的信息。一般而言，设计者首先需要考虑的是被用户广泛认可并熟悉的视图设计。

●　**控制信息密度。**

设计者必须确定并控制可视化视图包含的信息量。一个好的可视化视图应当展示适量的信息，而不是越多越好。失败的可视化案例主要存在两种极端情况，即过少或过多地展示了信息。

●　**添加美学因素。**

虽然添加美学因素不是可视化主要目标，但是具有更多美感的可视化设计显然更加容易吸引用户的注意力，并促使其更深入地探索。因此，优秀的可视化设计是功能与形式的完美结合。

数据可视化的具体步骤

（1）数据表示与变换

数据表示与转换指将数据变换为计算机硬件（或者数据可视化工具）能够直接识别、可以被指令系统直接调用的数据类型。为了实现有效的数据可视化，在进行数据分析后需要根据可视化目标进行数据表示与转换（如图 3-21 所示）。数据分析是从数据中得到结论，挖掘出信息和知识，数据表示与转换需要通过有效的数据提炼或简化方法，以最大限度地保持信息和知识的内涵，其主要挑战在于找到具有可伸缩性和扩展性的表示方法，以便面对海量的数据仍然能够保持数据的属性和特征。此外，将不同类型、不同来源的数据统一表示，从而使数据使用者能及时聚焦于数据的本质也是可视化的重要实践环节。

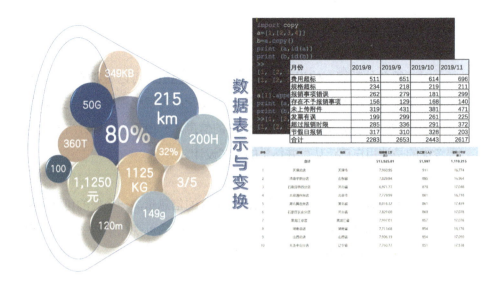

<table>
<tr><td>月份</td><td>2019/8</td><td>2019/9</td><td>2019/10</td><td>2019/11</td></tr>
<tr><td>费用超标</td><td>511</td><td>651</td><td>614</td><td>696</td></tr>
<tr><td>报销超标</td><td>234</td><td>218</td><td>219</td><td>211</td></tr>
<tr><td>报销事项错误</td><td>262</td><td>279</td><td>181</td><td>299</td></tr>
<tr><td>存在不予报销事项</td><td>156</td><td>129</td><td>168</td><td>140</td></tr>
<tr><td>未上传附件</td><td>319</td><td>431</td><td>381</td><td>471</td></tr>
<tr><td>发票有误</td><td>199</td><td>299</td><td>261</td><td>225</td></tr>
<tr><td>超过报销时限</td><td>285</td><td>336</td><td>291</td><td>372</td></tr>
<tr><td>节假日报销</td><td>317</td><td>310</td><td>328</td><td>203</td></tr>
<tr><td>合计</td><td>2283</td><td>2653</td><td>2443</td><td>2617</td></tr>
</table>

图 3-21　数据表示与变换

（2）数据的可视化呈现

数据分析结论需要以一种直观、容易理解的方式呈现给用户。通过数据可视化向用户传播信息时，同一个数据集可能对应多种视觉呈现形式，即视觉编码。数据可视化呈现的核心内容是从巨大的、呈现多样性的空间中选择最合适的编码形式。判断某个视觉编码是否合适的因素包括感知与认知系统的特性、数据本身的属性和目标任务。

例如，以折线图的形式展示某流域一段时期内降雨量与流量的关系（如图 3-22 所示）。图的横轴为时间线，左侧纵轴为流量，右侧纵轴为降雨量，通过两个折线图的组合形式非常直观地展现了当降雨量增大，流量随后相应增大，将降雨量与流量之间较强的相关关系很好地通过可视化手段呈现了出来。

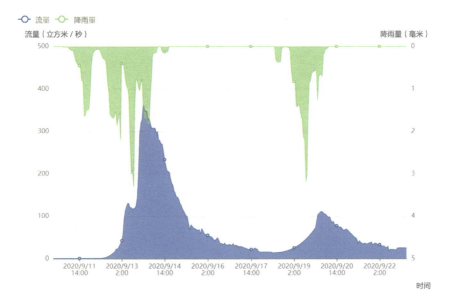

图 3-22　降雨量与流量的关系

本章小结

　　数据价值链具有六大步骤，如同将原始食材转变为美味佳肴的烹饪过程一样，这六大步骤也是助力原始数据走向价值创造的进阶之路。本章作为数据价值链的实践指南，围绕数据价值链的基本流程，分别介绍了业务需求分析、数据采集、数据清洗、数据探索、数据算法、数据可视化。其中，业务需求分析是数据价值链中的准备工作，也是链接"数据"与"业务"这两大要素的关键；数据采集和数据清洗则为数据价值的挖掘奠定了基础；数据探索与数据算法是数据价值链的核心，通过数据分析精准发掘数据资源价值；最后，数据可视化将数据分析的结果进行具象化的呈现，是用户洞察数据价值的最终窗口。数据价值链的六大步骤环环相扣，帮助财务逐步打开数字化的全新世界，探索数字化的全新未来。

4

数据采集

数据源的分类

科学全面的数据采集工作是驱动数据价值链发挥作用的核心要素，而梳理数据源是做好数据采集工作的前提。数据源意为数据的来源，在 DT 时代，数据量大，数据源异构多样，企业需要在经营过程中根据不同的数据源采取不同的采集方法与技术，以完成高质量的数据采集工作。对企业而言，数据源可以按照分布的范围分类，也可以按照数据的采集路径分类。

以分布范围分类的数据源

数据源的分布范围以企业信息体系的边界为界限，分布在企业信息体系内的数据源为企业内部数据源，反之为外部数据源（如图 4-1 所示）。对不同分布范围的数据源进行采集，所需要调用的资源是不一样的。

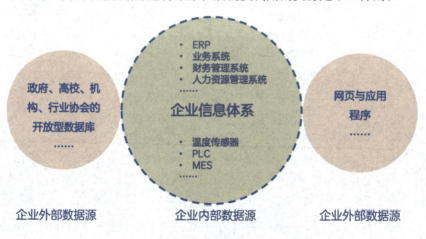

图 4-1　企业内部与外部的数据源

（1）企业内部数据源

企业内部数据源主要是企业的 ERP、业务系统、财务管理系统、人力资源管理系统等，以及线下保存数据的办公软件。除此之外，在企业的生产环节，还有温度传感器、PLC（Programmable Logic Controller，可编程逻辑控制器）、MES（Manufacturing Execution System，制造执行系统）等物联网设备的数据源。这部分数据源承载并提供了企业日常经营过程中业务处理、财务核算、财务管理、业绩考核、经营分析等绝大部分营运管理所需的数据原料。通常，这部分数据可通过数据库和系统日志等工具进行调取并采集，或运用 API 实现开放系统间集成及数据传输。

在从企业内部数据源中采集数据时，采集工具的可用性及采集效率、采集质量与企业底层存储和计算的系统架构息息相关。大多数企业在早期业务发展的过程中，仅着眼于如何解决当下的业务问题，独立采购或建设各部分 IT 系统，而缺乏全局性的规划与部署，导致企业内部形成多个数据孤岛。在这样的情况下，如果需要采集跨多个域、跨多个系统的多端数据，通过开发数据接口进行采集的难度较大、效率较低，并且采集来的数据质量、标准差异也较大，会为后续清洗工作带来大量隐患，因此在更为广泛的数据采集需求下，仅利用数据接口是不够的，应用数据仓库、建立数据中台等方式将更能发挥优势。

（2）企业外部数据源

企业信息体系以外的数据源包括政府、高校、机构、行业协会的开放型数据库及网页与应用程序等。在各类经济活动中，纵向来看，企业需要加强与上下游的联系，加强管理、把控风险，打造智慧供应链，并全面感知潜在客户的需求动向，把握趋势；横向来看，企业需要了解市场，了解竞争对手，在对比与学习中发现并发展自我价值。除此之外，企业还需实时跟进最新政策导向、经济变化等一切与自身发展密切相关的环境因素。因此，如果说企业内部的数据源为企业构建了内部的信息循环，那么外部数据源则加强了企业与客户、供应商、竞争对手、政府、相关机构等外部利益相关者的联系，增强了企业的敏感性。

相对于企业内部数据源，外部数据源大多更为分散且分布范围广泛，通常采用网络爬虫和 API 传输数据的方式采集数据。在具体采集外部数据时，一方面，外部数据源承载的数据体量大、内容丰富，往往不能满足企业需求，因此，在正式采集数据前需要初步筛选，放弃质量差、内容价值低、与需求不匹配的数据；另一方面，外部数据源稳定性与适配性差异较大，需要有针对性地选择工具对数据进行采集，从而提高采集的效率和质量。

以采集路径分类的数据源

数据的采集路径可分为两类：一类是将存在于物理世界的数据复刻至数字世界中，另一类是将本身就存在于数字世界的数据搬运至企业的数据仓库、数据平台或者数据中台，最终，无论从哪里收集的数据均需要在数字世界中得到价值的最大释放。据此，可将数据源分为物理世界和数字世界中的数据源这两类（如图 4-2 所示）。

数字世界是指通过对物理世界的感知，借助数字技术、互联网、云技术等科技力量逐步构建起的对物理世界映射的世界。数据采集的过程正是对物理世界进行映射的过程，理想的数字世界是实现对物理世界精准、完整映射的世界。企业可通过对数字世界的认知突破时间与空间上的约束，更新对现实物理世界的认知，提升认知能力[1]。本质上，复刻现实的物理世界、构建数字世界的过程正是数字孪生的过程。数字孪生是指具有数据连接的特定物理实体或过程的数字化表达[2]。"孪生"概念起源于美国国家航空航天局的"阿波罗计划"，之后被迅速创新并应用于各大领域，历经快

---

[1] 华为公司数据管理部.华为数据之道 [M].北京：机械工业出版社,2020.
[2] 中国电子技术标准化研究院,树根互联技术有限公司.数字孪生应用白皮书（2020 版）[R].2020.

速发展，数字孪生已成为未来数字化企业实现价值创造的关键。

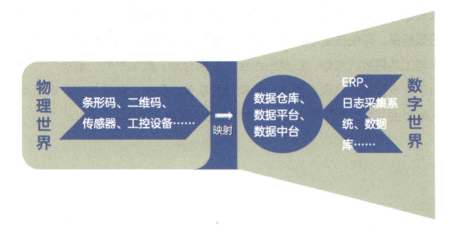

图 4-2　物理世界与数字世界中的数据源

（1）物理世界中的数据源

物理世界中的数据源以物理实体为载体，对这些数据进行采集的路径是从物理世界向数字世界的转化过程，需要借助物理设备对数据进行采集。企业的经营环境中普遍存在着大量物理世界中的数据源，尤其是在非数字原生企业中，生产线、流程工艺、实体货物、物流设备等，都需要通过条形码、二维码、传感器、工控设备等数据源向数字世界输送可用数据。针对物理世界中数据的不同形态，有相应的不同采集方式及技术。非常典型的有 OCR 及 ICR（Intelligent Character Recognition，智能字符识别）技术，专门用于采集图像文件中的结构化数据；ASR（Automatic Speech Recognition，自动语音识别）技术可将人类语音中的词汇内容转换成相应的文本数据；RFID 用以识别并采集机器、设备、货物等实物的相关数据，被大量运用在资产管理、仓储管理、物流追踪等场景中。类似的数据采集工具还有很多，可以帮助企业实现数据转换，打造企业级的数字世界。

（2）数字世界中的数据源

在企业已构建起的数字世界中，数据源存在于各种软件、系统或程序中，对这些数据进行采集的路径本身就在数字世界，通常不需要依赖物理设备进行采集。比如，ERP、日志收集系统、数据库等，都是数字世界中的数据源。即使在数字世界中，数据也不是自然相通的，还是需要借用技术与工具将数据采集、汇聚至企业的数据仓库、数据平台、数据中台中，为下一步数据的抽取、清洗、装载做好准备。例如，系统日志、数据库、网络爬虫、API 等都是该情境下典型的数据采集工具。

财务数据源的再定义与扩展

聚焦财务领域，传统财务部门围绕着九大业务流程，主要发挥交易核算的职能。此时，"票账表钱税"背后的数据是财务人员关注的重点，其实质可归类于结果数据（如图 4-3 所示）。结果数据是企业经营过程中，处理交易时所产生、接收的凭证上承载的数据，以及在会计科目体系下提炼后的数据，例如发票金额、差旅行程、付款明细等数据。与之相对应，承载这些数据的发票、行程单、火车票、银行回执单、支持性资料、账表都是传统财务数据源。

随着企业的转型发展和数字技术的赋能，财务职能正向着支持企业经营管理转型变革，财务所关注的数据不再仅局限于以上的结果数据，财务数据源也因此得到扩展。除了需要采集结果数据之外，财务还需要采集交易数据、过程数据、行为数据、环境数据（如图 4-3 所示），实现对这些数据全方位地采集汇聚，支持和驱动财务发挥经营管理、价值创造的职能。

其中，交易数据是企业与外部利益相关者进行交易时产生的数据，例如交付产品参数、客户评价、交易频率等数据，交易对象、交易金额等这一类交易数据在交易完成后将转化为结果数据；过程数据是企业与外部利益相关者在交互过程中产生或获取的除交易数据外的其他数据，例如项目进度、供应商信息；行为数据是企业经营过程中，可通过观测工具获取的观测对象行为的记录数据，例如用户行为日志数据、物流追踪数据；环境数据是企业所处行业市场情况、国家宏观经济形势及全球经济变化等外部数据，例如市场份额、价格指数、经济运行指标。

在此基础上，财务数据源得到了重新定义与扩展。除了传统的账表、凭证之外，企业内部各类业务系统、财务管理系统，以及外部的网页、应用程序、开放型数据库、外部开放型平台等，都成为全新的财务数据源。

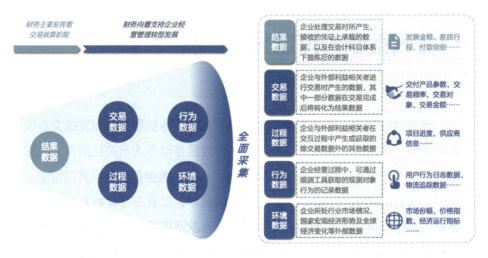

图4-3 从传统财务数据采集到数据全面采集

扩展后的财务数据源为企业奠定了更加全面的数据基础，可分为三个层次（如图4-4所示）。企业依此开展相应的数据采集工作，从而进行核算、控制、预测、管理、决策等活动，实现财务职能的转型变革。

图4-4 财务数据源及数据采集的三大层次

● 第一层：财务数据载体及其结构化。

财务数据载体是承载业务处理过程中所形成的各种结果数据的单据或票证。财务数据载体作为交易发生的证据，是财务部门开展财务核算工作的重要依据。其按照来源可以划分为两类：一是外部载体，包括银行结算凭证、行程单、完税凭证、发票等由外部开具的材料，可直接作为账务处理的凭证；二是内部载体，包括业务、财务处理以及财务管理过程中生成的内部材料，如记账凭证、入库单、成本控制单等。

● 第二层：对内部信息系统的全面采集。

在第一层基础上，财务部门若想支持企业控制、预测、管理活动的开展，则需要对研发、采购、生产、销售等业务环节进行全景测绘，将数据的采集触点不断扩展。为此，企业需要实现销售系统、采购系统、核算系统、各财务管理系统等的广泛连通，在线采集全系统中的结构化数据，集成企业内部的数据资源，高效推进业务处理与财务管理的同时，为数据价值链奠定数据基础。

● 第三层：对其他外部数据源的全面采集。

企业要想从数据中获得信息以支持决策，就需要建立更为广泛的数据连接，因此企业还需要面向外部数据源，如网页、应用程序、开放型数据库等，采集企业信息体系范围外的其他数据，如客情、竞情、行情、国情。内外部数据网络的建立可以置企业于实际的市场、行业、国情之中，从微观视角看经营状况，从宏观视角把握发展动向。

财务领域数据源及数据采集的三大层次逐步推动财务部门从最小数据集向大数据转变，最终发展成为覆盖企业内外部数据采集情境下的数字神经网络，包括物理世界及数字世界的数据采集、结构化与非结构化数据采集、内部与外部数据采集等多种不同情境。

不同情境下的数据采集

当企业尤其是财务部门需要广泛采集不同数据时，面对不同数据采集情境，有不同的数据源及数据采集方法与技术（如表4-1所示）。根据不同情境选择适配度最高的采集方法和技术是提升数据采集效率和质量，保障数据安全、有序的关键。

表4-1　不同情境下的数据采集

数据采集情境	数据源描述	数据采集方法与技术
感知设备数据采集	各类物联网设备	感知技术、感知工具采集
系统中结构化数据采集	业务系统、财务系统等各类系统	数据库、数据仓库采集
日志文件数据采集	系统后台日志、服务器后台日志	系统日志、服务器日志埋点采集
非结构化数据采集（文档、图片、音频、视频）	非结构化文档、图片、视频、音频等格式文件	专门设计的技术或系统工具采集
其他外部数据采集	网页、应用程序、开放型数据库、外部开放型平台	网络爬虫、借助 API 采集

情境一：感知设备数据采集

要采集人类所见、所闻、所触的事物，以及超越人类可感知范围但客观存在于物理世界的事物，例如超声波、人眼可见范围外的电磁波等这些客观存在事物的数据，应用感知工具与技术。在物理世界中，感知工具与技术正在被广泛应用，其可实现实时获取数据。

　　在典型的财务工作情景中，存在大量文本格式标准化程度高的财务数据载体，例如各类银行结算单、行程单、发票、火车票等，那么此时可借助高效稳健的 OCR 技术（如图 4-5 所示），运用光学设备（扫描仪、数码相机等）将纸质文档上的文字转化为图像，再利用算法把图像信息翻译成可编辑的计算机文字，其本质就是利用光学设备去捕获图像并识别文字。感知技术的应用极大程度促进了数据载体的结构化。

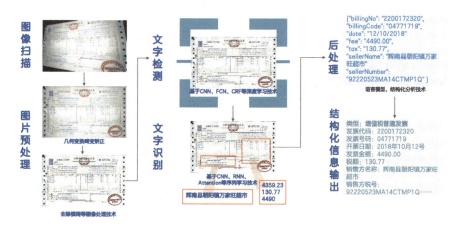

图 4-5　中兴新云智能采集方案中 OCR 技术实现流程

　　现代的数字化工厂是另一感知设备数据的产生聚集地，可运用各种信息传感器、射频识别技术、全球定位系统、红外感应器、激光扫描器等装置与技术，采集任何需要监控、连接、互动的物体或过程所产生的数据，并通过各类可能的网络接入实现对物品和过程的智能化感知、识别和管理。例如，西门子数字化服务团队凭借丰富的数字化转型经验，以全面的数据实时感知与采集能力为基础，打造了内外部多家数字化工厂。其中，在西门子团队涉足的水务行业，团队以传感器、感应器等感知设备作为数据采集基础，构建起过程仪表（如图 4-6 所示），以实现水务数字化运行过程中压力、温度、物位等数据的实时捕捉和精准控制。

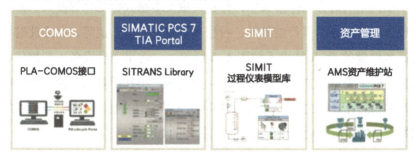

图4-6 西门子数字化工厂过程仪表[①]

情境二：系统中结构化数据采集

以数据库形式存储的结构化数据几乎是所有企业都具备的数据资源，这些数据往往涵盖了企业在生产和经营各个环节的核心数据，因为它们的数据源是承载企业业务处理、财务管理、人力管理的各大信息系统。同时，这类数据还有个共同的特点，即高度结构化，易于被计算机系统处理，因此，这类数据可以批量采集。例如，中兴新云 FOL 财务云信息系统架构（见第 2 章图 2-11）中，票联系统、供应商智能结算系统等业财连接模块可智能化采集前端业务信息并将其存储为标准的结构化数据，打通业财数据线上通道，是第二层财务数据采集的主要来源。

事实上，上述系统在承载业务的同时，本身就需要后台配置数据库，以便产生、传输、交换的数据在系统中可以落地并得以存储，至此，才可以在系统中搜索、查找、调取和使用数据，同时实现对系统中结构化数据进行采集。进一步而言，如果需要进行跨系统的数据采集以实现更多视角的数据分析，就需要继续对数据库中的结构化数据进行采集、整合（如图 4-7 所示）。但数据库的种类很多，例如，有行式存储和列式存储的数据库（行式

---

① 图片来源于西门子数字化工业集团的《西门子数字化水务白皮书》。

存储倾向于结构固定，列式存储倾向于结构弱化），还有开源和非开源的数据库，每一种数据库所存储的数据即使都为结构化数据，但其类型也略有不同。数据仓库[①]正是各类数据的集成地，可轻松适应此类数据采集情境，将各类结构化数据转化成中间状态，从而实现数据格式的统一，并将数据在各类数据库与数据仓库之间进行批量数据同步[②]。

图 4-7 系统中结构化数据采集

情境三：日志文件数据采集

企业财务数据采集的第二层实现了对内部信息系统中数据的全面采集，除了直接对系统数据库中的数据进行采集之外，还有一部分数据需要从系统日志、服务器日志中进行采集，一方面用于监控系统运行情况，另一方面用于记录用户的操作行为，满足系统运维或运营管理过程中需要实时关注数据的需求。每个系统、服务器后台都有日志，所谓日志是记录执行活动的信息文件，在系统、服务器中发生的事件都会形成文件，生成日志。以服务器后台日志为例，典型的是浏览器日志，浏览器作为网页与用户的互动窗口，其日志数据捕捉了大量用户行为，蕴藏着巨大开发价值，包含用户的访问数据、购买数据以及单击数据等。

用户行为分析是采集后台日志数据的典型应用，在淘宝、京东、腾讯、

---

① 数据仓库用于采集操作层各业务系统中的数据，并统一数据格式、计量单位，规整有序地将数据组织在一起，为数据分析、数据挖掘等需求提供数据支持。
② 阿里巴巴数据技术及产品部 . 大数据之路：阿里巴巴大数据实践 [M]. 北京：电子工业出版社 ,2017.

新浪等互联网公司中被广泛实践，帮助企业分析并理解用户行为以提高用户黏性。那么，用户行为具体是如何被捕捉、记录下来的呢？埋点是目前较为常见和成熟的方式。"埋点"是互联网应用中的俗称，在数据领域中的专业术语叫作"事件追踪"，是针对特定用户行为或事件进行捕捉、处理和发送的相关技术及其实施过程。通过埋点，用户一旦发生特定行为就会触发被提前埋下的数据记录器，数据记录器可将其行为过程进行记录并保存（如图4-8所示），以采集日志数据。在财务领域，日志数据采集被广泛应用于财务作业平台或者共享服务中心的运营管理中，例如，通过观测财务人员审核每张单据的时间来分析其审单效率，就可以加强管理。

图 4-8　"埋点"数据采集

情境四：非结构化数据采集

目前，在大多数企业尤其是非数字原生企业的数据使用情境中，非结构化的数据依旧占有相当大的比例，例如，企业财务数据采集第一层中的合同文档就是非结构化数据。结构化数据可以描述人物、时间、地点、内容，非结构化数据往往会提供更加丰富的全景信息，有助于让人们更全面地理解事物背后的原因。对非结构化数据进行采集时，需要专门设计的技术或系统工具。

● 非结构化文档数据采集。

在企业实践中，为了查询积累下来的大量文档，从 PDF、Word、

PowerPoint 等各种格式的办公文档中提取所需的关键信息，正是采集非结构化数据的过程。NLP 技术是一种可以应用在非结构化数据采集领域的人工智能技术，旨在利用计算机分析自然语言语句和文本，抽取重要信息，进行检索、问答、自动翻译和文本生成，从非结构化数据中抽取有价值的数据。在财务领域，合同、内部公文制度等复杂的非结构化文档海量存在，利用 NLP 技术可快速提取文本信息，并通过算法对获取的信息进行判断，这不仅可以实现自动采集数据，而且可以实现自动理解语义。比如在合同智能审核情境中（如图 4-9 所示），应用 NLP 技术可自动识别合同文本，标注并抽取其中的关键信息，如合同主体、专业术语、合同金额等，形成结构化数据，借助语言模型算法对获取的结构化信息进行判断，对合同文本形式、合同主体合格性、合同实质等进行初步核查，辅助人工进一步审核。

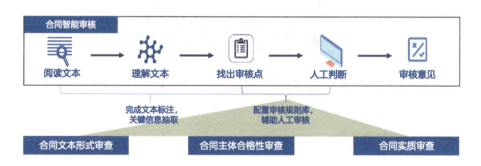

图 4-9　中兴新云合同智能审核情景中 NLP 技术应用

● **图像数据采集。**

图像数据采集是指利用计算机对图像进行采集、处理、分析和理解，以识别不同目标和对象的技术，是深度学习算法的一种应用实践。计算机对图像的识别在原理上与人类大脑对图像的识别并无本质差异：人类大脑依靠图像的本身特征而先将这些图像分类，然后通过各个类别所具有的特征将图像识别出来；计算机的图像识别技术也是如此，通过分类并提取重要特征而排除多余信息来对图像数据进行识别。因此，计算机通常根据图像特征添加标签来采集图像数据，比如图 4-10 所呈现的这张照片，计算机可通过算法轻松识别出照片中的各个元素并为它们添加标签。

图 4-10 图像识别技术应用

● **音频数据采集。**

音频数据采集时主要应用 ASR 技术，将词汇内容转换为计算机可读的输入内容，例如二进制编码、字符序列或文本文件。语音识别是一门交叉学科，融合了信号处理、模式识别、概率论和信息论、发声机理和听觉机理、人工智能等多个领域的研究成果。在财务领域，ASR 技术被应用于填写报账单以实现自动语音填单。语音识别的成熟应用让人机交互变得更加容易。

● **视频数据采集。**

视频是动态数据，内容会随时间而变化，通常信息体量比较大，集成了影像、声音、文本等多种信息。目前的新兴技术可以实现通过深度学习自动检测视频中的内容，比如可以利用面部识别软件识别视频中的主体，并自动为视频添加标签，为采集视频中的信息打下基础，换言之，计算机也可以"看懂"视频了。

情境五：其他外部数据采集

企业的外部数据大多散落在互联网网页、各大机构的开放型数据库及外部开放型平台中，数据类型多样，内容庞杂，如果纯靠人工进行采集，那么信息搜索成本高，采集效率低，采集步骤复杂烦琐。但外部数据蕴含的价值同样不可小觑，客情、竞情、行情、国情等数据的监控与分析都依赖外部数据，这是获取重要商业信息的关键。因此，针对不同的外部数据源采取高效智能的数据采集技术是编织企业级数据网络过程中不可或缺的数据采集能力。

● **互联网网页信息采集。**

网络爬虫技术广泛应用于互联网数据采集工作中，这一点已在第 3 章中有所介绍，那么，网络爬虫技术是如何工作的呢？一般而言，可采用的途径有两种：第一种是编写代码脚本，第二种是使用爬虫软件。相较于爬虫软件，通过编写代码脚本可以开展个性化程度非常高的数据搜索及采集工作，其实现的主要流程如图 4-11 所示。首先获取网页数据，然后解析网页并从中提取关键数据，最后将数据存储下来 [①]。Python（一种计算机编程语言）凭借其强大的函数库以及部分函数对获取网站源码的针对性，成为目前可用性很高的爬取网络数据的计算机语言。例如，使用搜索引擎搜集信息，实质上是一种应用网络爬虫技术进行数据采集的形式，百度、搜狗等常用的搜索引擎都有自己的自动爬虫程序。通过编写自动爬虫程序，企业可以根据需求从海量的互联网信息中爬取优质信息并收录，然后再分门别类地对数据进行整合使用。

图 4-11　网络爬虫主要流程

---

① 唐松.Python 网络爬虫从入门到实践：第 2 版 [M]. 北京：机械工业出版社,2019.

● **各大机构开放型数据库数据采集。**

在金融经济、生产制造等很多领域，都有政府部门或权威机构专门开放给公众使用的数据库，例如，国家数据（国家统计局开放的数据库）、中国统计信息网（国家统计局的官方网站）、CEIC 数据库[①]（China Entrepreneur Investment Club，中国企业家投融资俱乐部）等。开放型数据库可以为企业提供专业权威的信息，并且易获性非常高，可直接进行查阅、下载或通过 API 批量获取。

● **外部开放型平台数据采集。**

基于互联网应用的不断普及，越来越多的网络站点推出基于开放 API 标准的产品和服务，将自身的资源开放给开发者来调用，例如腾讯、阿里巴巴等。一个站点（Site）可以理解为一个存储区，它存储了一个网站包含的所有文件。通俗来说，一个站点就是一个文件夹，里面存放了网站所有内容。为了对外提供统一的接口，对外开放资源的站点需要提供开放统一的 API 环境帮助使用者访问站点的功能和资源。企业可以通过 API 在开放平台上，无须访问原码或理解内部工作机制细节就能够获取天气信息、地图信息、卫星定位等一系列数据资源，将其应用于分析工作上。

---

① CEIC 数据库是中国香港环亚经济数据有限公司开放的数据库。

DT 时代下的数据采集特点

DT 时代下，数据将成为如水和电一般的资源，随需获取，自助获取，业务间将产生更多连接，企业将通过更高效、更低耗的方式让数据极大地发挥价值，推动创新与变革。因此，企业需要从根本上加强数据的可获得性，实现数据采集无感触发、全量感知和实时汇聚（如图 4-12 所示）。

图 4-12 DT 时代下的数据采集

● **无感触发。**

数据采集的无感触发与数据资源的随需调取都需要依赖强大的数字"新基建"[①]，统筹利用计算、存储、应用支持等软硬件资源，基于需求发展并建立体系化的技术、系统、组织架构，发挥高可靠性、高通用性、高可扩展性的数据能力，支持业务活动产生的数据"发生即采集"，而无须录入、扫描等输入采集动作。

发展成熟的数字原生企业原本就需在数字世界中构建企业价值链，而

[①] 2020 年 3 月，中共中央政治局常务委员会召开会议提出，加快 5G 网络、数据中心等新型基础设施建设进度。

业务全流程在数字世界中将自动留痕，很少再有线下采集动作嵌入流程，例如在互联网企业中，用户访问网页时的访问 IP（Internet Protocol，互联网协议）、搜索内容、浏览时间都可在用户无意识的情况下被轻松采集。在非数字原生企业中，数据无感采集还只是点状的，而非全面铺开，需要依托底层大数据存储与计算平台，全面整合企业数据，实现物理系统向数字化模型的自动化反馈，进而无须人为采集动作的干预就能打造数字世界。例如，目前在高科技企业中，对精密仪器、先进设备等高价值资产的使用管理已开始普遍趋于数字化，企业给使用人员每人配发一张门禁卡，人员插卡才可进入设备使用空间，无须数据录入，企业即可采集使用者、归属部门、使用时间等一系列资产使用情况的数据，精准分摊资产成本并实现科学实时的资产管理。

● **全量感知**。

所谓感知是通过感觉器官或其他意识对内外界信息觉察、注意、感受并在脑中进行直接反映的过程。数据感知则是敏锐觉察特定数据，并在数字世界中真实、准确、及时地对其进行反映的过程。数据感知可以广泛应用在物理世界与数字世界，与传统数据采集最大的区别在于响应更及时、数据抓取更准确、渠道覆盖更全面，不断突破时间与空间的限制。

全量感知是数据深度认知的基础，数据价值链正是认知数据的全过程，因此，应有针对性地围绕数据分析目标提升数据感知能力，而并非收集和覆盖企业中从人、物到业务、作业等全部的数据才可称之为"全量"。在感知技术、传输技术、虚拟现实技术、移动互联技术等新兴科技的成熟发展与应用下，DT 时代的数据感知将更具智慧，其能聚焦数据价值链需求，对具有潜在价值的数据做出快速反应，能构建围绕数据价值链的数据采集架构，以更加合理的方式配置数据计算、存储资源，以提高资源利用率。例如，在一些生产制造企业中，恒温是产品的生产要求，但企业并不需要全天候监控采集温度数据，只有当温度超过要求范围时才会被立刻感应、触发数据采集，企业通过统计一段时间内异常温度的出现频率从而分析存在的残次品生产风险。

● **实时汇聚。**

云计算、物联网、5G、边缘计算^①等技术的成熟应用推动了数据的高频传输、信息的高速互联，使各大科技、产业以及全社会全面加速发展。全面加速意味着数据采集也应保持高级别的响应速度，以不断加强组织的敏捷性与灵活性，保证组织获得最新的数据，把握时间价值。DT 时代下，企业需要通过加强数据存储、计算和连接能力，加快数据传输速度，时刻为应用服务储备数据。

在"新基建"背景下，云计算实现了算力资源的弹性调度，进一步提升了算力基础设施的资源利用效率。例如，一台物理服务器原本只能同时提供一项服务，其硬件资源的利用率为 20% 至 30%，而借助云计算进行管理，则可以同时虚拟为多台逻辑服务器，相互独立地同时运行在不同的操作系统中，显著提高算力，加速数据的读取和采集。物联网借力 5G 商用进一步实现全场景网络覆盖，提升物联感知的灵敏度，比如现在的智能家电——智能空调，其可以实现用户在任何时间、任何地点，通过移动设备实时获取并控制家中的温度。各项新兴技术的不断突破及融合应用都在助力企业提升数据采集的实时汇聚能力。

〈 案例卡片 〉

阿里巴巴大数据采集建设之路^②

数据采集作为阿里巴巴大数据系统体系的第一环尤为重要，因此阿里巴巴建立了一套标准的数据采集体系方案，致力于全面、高性能、规范地完成海量数据的采集，并将数据传输到大数据平台。阿里巴巴将数据采集

---

① 边缘计算是指在靠近物或数据源头的一侧，采用网络、计算、存储、应用核心能力为一体的开放平台，就近提供最近端服务。其应用程序在边缘侧发起，可以产生更快的网络服务响应，满足行业在实时业务、应用智能、安全与隐私保护等方面的基本需求。
② 案例改编自阿里巴巴数据技术及产品部的《大数据之路：阿里巴巴大数据实践》。

分为日志采集和数据库数据同步两部分。

日志采集部分主要包括浏览器的页面日志采集、无线客户端的日志采集。大型互联网网站的日志类型和日志规模都呈现高增长的态势，而且往往会出现短时间的流量热点爆发，这使日志解析和处理过程必须考虑业务分流（相互之间不应存在明显的影响，热点爆发不应干扰日常业务日志的处理）、日志优先级控制以及根据业务特点实现定制处理。因此，阿里巴巴的日志采集方案不仅考虑了诸如日志分流处理之类的日志服务器端分布计算方案，而且将分类任务前置到客户端，以实现计算端承载更大的业务量并保证处理质量和效率。

数据库数据同步通俗来说是指不同系统间的数据流转，其在各大企业中都有非常丰富的应用场景。阿里巴巴借助数据仓库工具实现数据从各业务系统向数据仓库的高速流转。阿里巴巴的数据仓库有两大特点。其一是数据源具有多样性，除了结构化数据，还有大量非结构化数据，比如 Web 服务器产生的日志、图片、视频等，数据仓库都可以接收。其二体现在数据量上，传统的数据仓库系统每天同步的数据量一般在几百 GB（十亿字节）甚至更少，阿里巴巴的大数据处理系统的数据存储量达到 EB（百亿亿字节）级别，每天需要同步的数据量达到 PB（千万亿字节）级别，这种量级上的差距是巨大的。

上述数据采集技术架构其实已基本可以满足阿里巴巴日常业务场景中的数据使用需求了，但在 DT 时代，每天面对的信息瞬息万变，越来越多的应用场景对数据的时效性提出了更高的要求。

2020 年"双十一"在面向媒体的杭州未来科技城学术中心大屏上，在 0 点 30 分时（从 11 月 1 日截至 11 月 11 日 0 点 30 分）定格的成交数据为 3 723 亿元人民币。在前台实时直播的数据，实际上是由阿里巴巴实时计算系统所承载的，直播大屏对数据有着非常高的精度要求，同时面临着高吞吐量、低延时、零差错、高稳定等多方面的挑战。此外，所有的代码和计算逻辑都需要封存，随时准备面对监管机构的询问和检查。除面向媒体的数据大屏外，还有面向商家端的数据大屏、面向阿里巴巴内部业务运营的数据大屏。整个大屏直播功能需要实时处理的数据量非常庞大，每秒的总数据量达到了数亿级别，这对实时计算架构提出了非常高的要求。

阿里巴巴是如何做到高精度、高吞吐量、低延时、强保障的呢？阿里巴巴采用流式实时处理技术架构。简单来说，这种技术架构是指业务系统每产生一条数据，就会立刻被采集并实时发送到流式任务中进行处理，不需要定时调度任务来处理数据。在流式实时处理技术架构中，数据源一般是各业务的日志服务器（例如网站的浏览行为日志、订单的修改日志等），这些数据被实时采集到数据中间件中，供下游实时订阅使用，并且各系统之间相互依赖，形成一条数据处理链路，最终对外提供实时数据服务。

随着阿里巴巴业务的发展、新技术的引入，数据产品势必会不断迭代，数据采集能力势必会在准确性、时效性、完整性等各方面达到更高阶的要求，以赋能业务数据化的高效、高质量运营。

本章小结

数据采集工作的质量和效率直接影响着数据价值释放，是各企业开展数据分析项目的重要基础。DT 时代下，数据的采集正向着无感、全量、实时的方向不断发展，一些已有成功实践的企业及各行各业的实践者都在通过不断地思考和创新突破传统数据采集的界限。

聚焦具体的数据采集工作，企业首先需要梳理可用的数据源，尤其在财务领域，财务数据源正在从传统的财务数据载体扩展到内部信息系统以及外部平台、网页、应用程序等，更加广泛的数据采集范围支持着财务职能的转型变革。而在不同的数据采集情境下，不同的数据源对数据采集工具的要求不同，影响着数据使用情境。所以，基于数据源特征、数据类型及数据采集要求有针对性地选择采集工具是完成采集工作的前提。在采集的过程中，还需要掌握采集工具、方法的特性，以更快、更好地完成数据采集。

第 5 章

数据清洗

在数据价值链中，数据清洗发挥着看门人的作用，占用了整个流程
70%以上的时间和工作量[①]，对后续数据分析和数据可视化结果的质量有着
决定性的影响。尽管数据清洗工作很重要，但是数据清洗并没有获得足够
的重视。为了帮助读者深入理解数据清洗工作的重要性，了解其工作内容，
本章将聚焦数据清洗环节，围绕六大数据质量问题展开，分别介绍对应的
清洗方法，并介绍数据清洗的五类主要工具。

---

① 赵兴峰.企业经营数据分析：思路、方法、应用与工具[M].北京：电子工业
出版社,2016.

数据质量问题与清洗方法

　　典型的数据质量问题主要包括缺失数据、格式问题数据、逻辑问题数据、异常数据、不一致数据和冗余数据六大类。下面将逐一介绍各类数据质量问题与清洗方法（如图 5-1 所示）。需要注意的是，在进行具体清洗操作之前，要做好数据备份工作。

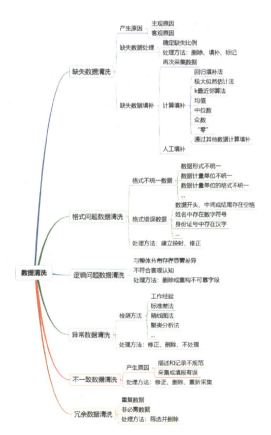

图 5-1　数据质量问题与清洗方法

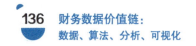

缺失数据清洗

　　缺失数据又可称为空值，通常在数据库或数据集中，若某个或者某些属性是不完整的、空白的，诸如"-""0""无""None""Null""Not Applicable（NA）"等，表示该数据缺失。数据缺失问题很常见，且无法忽视。数据缺失问题产生有主观或客观原因。

　　主观原因包括数据采集人员的主观失误、数据暂时无法获取或获取的成本较大，以及数据提供方有意隐瞒等。例如，某机构在进行制造业产能调研时，对我国制造企业进行问卷调查，而有些被调研企业出于隐私保护在填写问卷时未填写企业名称，导致问卷调查数据中名称变量的部分数据缺失。

　　客观原因包括数据采集设备故障、存储器损坏、数据传输故障，以及属性值不存在等。例如，出于安全保障和运营监管的需求，多数企业在公共办公区域都设有监控，突然的电路故障或存储硬盘损坏会导致监控数据的缺失。再比如，随着企业规模的扩张，产品线的丰富以及需求的升级，企业会对现有的信息系统进行更新迭代，以适应新的业务发展，而这往往会在现有信息系统中增加新的变量，新增加变量的历史数据可能还在线下，并未被全部维护进去，如果企业选择不维护就可能会导致数据缺失。

　　面对缺失数据这类常见的数据问题，首先应逐项确定缺失比例，然后按照缺失率和变量重要性，制定对应策略，主要有删除、填补、标记三类应对方法（如图 5-2 所示）。

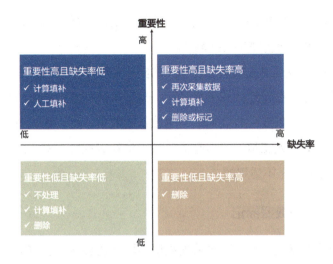

图 5-2　缺失数据清洗策略

（1）缺失数据删除

数据集中的每一列代表一个特定变量，每一行对应某一成员的数据。如果某列中的缺失数据很少并且其发生不存在规律性，也就是该列数据的缺失率较低并且随机缺失，那么可以直接删除缺失数据所在的某个成员的数据。如果某列缺失率较高并且重要性不高，则可以直接删除该变量数据。

（2）缺失数据填补

缺失数据填补主要包括再次采集数据、计算填补、人工填补三种方法。

再次采集数据是指通过改进采集方法或扩展采集渠道进行数据的再次采集来完成缺失数据填补的工作。对于重要性和缺失率都比较高的数据，在权衡准确性和成本的情况下，可以考虑采用再次采集数据的方法。

计算填补是指利用数学、统计学的方法来完成缺失数据填补的工作。其中包括通过回归填补法、极大似然估计法、k 最近邻算法等填补缺失数据；也包括使用该列数据的均值、中位数、众数或者"零"等填补缺失数据；还包括通过利用该行中的其他数据进行计算以填补缺失数据，例如通过身份证号码计算出年龄，通过入职年份计算出工龄等。计算填补的方法适用范围广且匹配度高，既适用于重要性高的缺失数据填补，也适用于重要性低且缺失率低的缺失数据填补。

人工填补是指由人根据业务相关的实践经验和理论知识来完成缺失数据填补的工作。在特定的业务场景下，最了解数据本身的可能就是数据使用者，因此对于重要性较高而缺失率较低的数据，可以由具备业务知识和经验的人员进行人工填补。但是由于该方法耗时耗力，对于规模大、缺失率高的数据来说是不适用的。

（3）缺失数据标记

有一种观点认为，有时对缺失数据的填补也会导致有效信息的丢失。这是因为，有些数据缺失并非是随机产生的，而是缺失本身就包含着某种特定的信息。例如，某通信公司需要统计亚太区域5G基站销售额，其中总销售额与2G、3G、4G的销售额已知，相减得到5G基站销售额，通过计算发现2018年以前的5G基站销售额缺失，通过分析发现5G基站2018年才开始商用，因此2018年以前5G基站销售额数据的缺失侧面反映了5G的商用时间。在这种情况下，我们可以对这些数据变量进行标记，在后续的数据分析过程中，运用统计学方法或数据算法识别出其中的规律。

格式问题数据清洗

通常情况下，格式问题数据产生于数据录入阶段，特别是数据如果由线下人工采集和录入，或由多人录入，那么就很有可能出现格式问题。格式问题主要包括格式不统一和格式错误两类。

（1）格式不统一数据清洗

数据格式不统一问题包括录入数据形式不统一、数据计量单位不统一、数据计量单位的格式不统一等。格式不统一数据一般不会影响计算机的后续处理，但会影响数据之间的可比性，或者增加数据清洗的工作量。通常对于已经存在的格式不统一的问题，可以通过建立数据映射关系或手工调整的方式完成清洗。例如，在"北京"和"北 京"之间建立映射关系或者通过去除空格调整为"北京"；将不同格式的时间、日期确定为统一格式或建立映射关系；将以全角字符显示的英文字母或数字修正为半角字符；将大小写混合的数据按照要求统一格式为全大写、全小写或首字母大写；将重量的单位统一为"千克"或统一用"kg"表示等。

（2）格式错误数据清洗

格式错误是指数据的格式不符合计算机能够识别和处理的要求，包括数据开头、中间或结尾存在空格，姓名中存在数字符号，身份证号中存在汉字等问题。格式错误的数据给数据分析工作带来了极大的不便。例如，房地产企业对建造的房屋按照面积分摊成本，会计在记账时需要调用业务系统中的各个房间的面积数据，而业务系统中的面积数据由前端业务人员手工录入，录入时往往会有业务人员不注意格式，录入的面积数据为文本格式，但财务系统无法直接将文本格式转换为数字格式进行加减运算，因此就需要通过人工修改格式。

格式问题数据大多是在对多个来源的数据进行整合分析或调用其他系统的数据时发现的，在发现格式问题时，可以人为建立映射关系或手工调整进行数据清洗。格式问题的源头在于数据录入，如果想要节省人力、时间，则需要在录入数据之前规范格式要求，形成统一的数据标准。

逻辑问题数据清洗

逻辑问题数据主要表现为以下两种类型。

一是数据中包含与整体数据分布存在显著差异的离群值。例如，公司产品单价表中产品的价格一般都在 2 000 元以内，但前端业务人员在录入信息的时候多敲了一个"0"，录为 20 000 元，财务人员审核此单据时会很容易辨别出来是错误的，其明显不符合公司经营情况，属于典型的逻辑问题数据。

二是数据所对应内容不符合客观认知。例如，身份证号处显示了 11 位手机号，体重处显示身高数据，客户性别栏中显示客户名称等。

通常逻辑问题数据是人工填写错误，或是前端录入数据未校验等造成的，需要借助人工或自动校验方式进行排查和调整，依靠数据行与列之间的相互验证关系来删除或重构不可靠字段，而不能简单地删除数据。

异常数据清洗

异常数据又称孤立点或离群点（Outlier），它的值与其他样本观测值有着显著差异。很多人认为异常数据就是错误数据，其实不然，两者有一定的区别。异常数据可能反映的是较为特殊的事实数据。例如，A 公司 2020 年财务报表公布的利润较 2019 年增长 100%，超过正常增长率，从表面上看属于异常数据。通过深入调查发现，A 公司在 2020 年进行了产业并购，业务形态大幅调整，同时相关产业政策利好，因此 A 公司实现了利润大幅度的增长。2020 年的利润数据属于事实数据，而不是错误数据。

异常数据可能预示数据存在一定的问题，在数据分析中需要保持警惕，进行严谨的调查分析。例如，L 公司 2021 年 1 月初确认了一笔 1 000 万元的收入，其平均年销售额为 5 000 万元，该笔收入占平均年销售额比例较大，属于异常数据。通过深入调查发现，L 公司作为集团下属子公司，每年度都有一定的业绩指标，出于业绩压力的考量，该公司在完成 2020 年业绩指标的情况下隐瞒该笔收入，将其延迟计入了 2021 年。这种情况下，异常数据是错误数据，因此该笔收入需要从 2021 年收入中剔除。

在企业经营分析中，人们往往根据经验来识别直观的异常数据。如果想要准确识别潜在的异常数据，还需要应用科学的检测方法。常见的检测方法包括标准差法、箱线图法、聚类分析法等。

标准差法是指在统计学中，如果一组数据分布近似正态分布，那么约 68.26% 的数据值分布在平均值的前后一倍标准差范围内，约 95.44% 的数

据值分布在平均值的前后两倍标准差范围内，约 99.74% 的数据值分布在前
后三倍标准差范围内。通常情况下，出现在三倍标准差之外的数据属于异
常数据。图 5-3 展示了通过标准差法检测的异常数据。

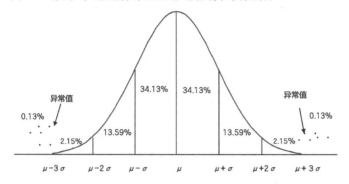

图 5-3 标准差法检测的异常数据

　　箱线图法是指通过中点、$Q1$、$Q3$、分部状态的高位和低位 5 个点来
检测异常值，中点为中位数，$Q1$ 为下四分位数，$Q3$ 为上四分位数，其中
四分位距 IQR=$Q3$−$Q1$，分部状态的高位 =$Q3$+1.5IQR，分部状态的低位
=$Q1$−1.5IQR。通常情况下，高于分部高位或低于分部低位的数据属于异常
数据。图 5-4 展示了通过箱线图法检测的异常数据。

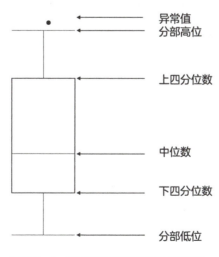

图 5-4　箱线图法检测的异常数据

聚类分析法是根据数据之间相似的特点将数据集分组为若干簇，而簇外的孤立点数据就属于异常数据。图 5-5 展示了通过聚类分析法检测出来的异常数据。

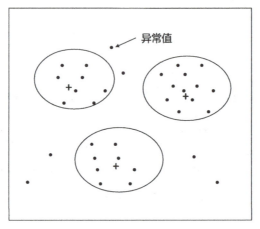

图 5-5　聚类分析法检测的异常数据

通过一定的方法检测出异常数据后，是否要进行处理需要视具体情况而定。比如某些数据分析模型对于极端异常数据非常敏感，异常数据会显著影响模型结果，在这种情况下，为了模型的稳健性，在建模前通常会对样本中的异常数据进行修正或删除。如果异常数据本身能反映某些信息或异常数据的存在对分析影响并不大，那么会选择不对异常数据进行处理。

不一致数据清洗

不一致数据产生的前提是同一条数据存在多条记录，产生的原因往往包括两个方面：第一，对于同一事物的描述和记录不规范；第二，数据采集或填报有误。

第一，对于同一事物的描述和记录不规范，往往会导致同一指标在不同地方有多个名称，或对同一状态有多种相似描述，需要人为于工清洗。比如，某房地产公司在进行经营分析时，各子公司递交上来的数据中"销售收入"存在多种名称，包括结转收入、结算收入、销售收入等。财务人员需要手动清洗，将其整合为销售收入数据，或者在这些指标之间建立相互映射关系，以进行后续分析。再比如，业务人员在记录机器超载运转导致故障的原因时会使用"超载作业""超负荷运作""负载过量"等表述方式，这种非标准的描述为后续计算机的自动统计和分析带来了较大的困难。一般情况下，计算机无法自动将这些数据识别归类，需要进行数据清洗，依靠人工识别和修正，比如将其统一为"负载过量"。

第二，在采集数据时，往往会因为同一个数据维度有多个采集渠道或者由多人填报，而产生不一致数据。比如，在实际调研过程中，由于了解情况不统一等因素的影响，同一家公司的不同员工填写的问卷中，对于同一问题的答案不尽相同。如该公司 X 项目在哪一年启动，员工甲选择了2001 年，员工乙选择了 2003 年。此时需要根据实际情况选择重新填报或者删除该条数据。

不一致数据出现时可以通过人工修正以达到数据清洗的目的，但如果想要从根本上解决问题，减少数据清洗的工作量，企业需要更加关注数据治理的重要性，系统性地对元数据、主数据、数据标准、数据质量等进行维护，梳理数据之间的关系，建立核心数据的复用、同步和共享机制。

冗余数据清洗

冗余数据既包含重复的数据，又包含与分析问题无关的数据，通常可以采用筛选并删除的方法来清洗。

（1）重复数据清洗

在实际工作中可能存在重复上报等导致的数据重复问题，也就是数据集中关于同一对象的数据有两次及以上的记录。数据录入一般存在两种情况：唯一性数据录入和非唯一性数据录入。对于前者，系统一般会内嵌唯一性规则，不允许重复提交，比如报账系统会根据单据生成唯一编号、每时间段每人只能购买一次火车票或飞机票等，重复提交会显示错误；对于后者，一般可以多次创建提交，比如邮件系统、购物系统等。对于重复数据，企业需要通过筛选相似数据，从每类重复样本中抽取一条记录保存，并删除其他重复样本，从而保证数据的唯一性和精确性。

（2）非必需数据清洗

非必需数据是指所采集的数据集中与所分析问题无关的样本数据，或是错误、不真实、不完整的样本数据。企业需要甄别有价值的数据和信息，部分数据很明显与所分析问题无关，可以直接删除。例如，分析企业产品的亚洲区域销售情况时，就可以从数据集中剔除欧洲区域销售情况的数据。再例如，集团层面分析各大银行可动用的授信额度时，可删除支行的部分非必需的基本数据，如联系电话、地址等。

部分数据看似与所分析问题相关，但其错误、不真实、不完整等导致数据本身存在问题，保留下来反而会影响后续数据分析的结果。例如，缺失关键信息的问卷数据、非真实的交易数据等，它们是数据集中的"杂质"或"噪声"。

在针对非必需数据的处理方法上，可以通过设置筛选条件对数据进行筛选，例如从各品牌产品数据中筛选出与分析相关的品牌。对于明确为非必需的数据，可以直接从数据集中删除；而对于尚不明确是否需要的数据可暂时保留，或咨询相关专家是否要保留。

‹ 案例卡片 ›

客户购买意向调查

某公司为调查客户对新产品的购买意向，在线上、线下两种渠道发放问卷，并将从两种渠道所收集的数据放置于同一原始数据表格内，其中部分原始数据如表5-1所示，各类颜色代表了需要清洗的数据质量问题类型。

表 5-1 购买意向调查原始数据（部分）

代码	姓名	性别	出生日期	常住地	学历	月均工资	购买意向
1	赵先生	男	1965-4-25	北京市	本科	￥45 000	没有
2	钱女士	男	1995-9-5	天津	硕士	￥13 000	无
3	王女士	/	1988-2-4	济南	本科	￥10 000	有
4	张先生	男	1888-1-1	北京	/	/	不明
5	钱女士	女	1995-9-5	/	硕士	￥10 000 以上	无
6	李女士	女	1979-3-17	上海	大专	￥20 000	有
7	葛先生	男	1992 年 7 月	苏州	本科	￥9 500	有
8	黄先生	男	1985-10-30	深圳	硕士	$6 000	有

　　■■■ 此处为缺失数据。面对此类情况，该公司选择对比其他数据或样本数据进行简单填充，无法填充的则直接将该样本数据剔除。

　　■■■ 此处数据存在格式问题。"北京"与"北京市"需统一；"1992年7月"这种日期格式与其他样本的日期格式不统一，该公司系统无法识别日期数据中的汉字字符，同时该数据的口径与其他样本也不一致；此外，月均工资"$6 000"的计量单位与其他样本不统一。

　　■■■ 此处数据存在逻辑问题。第一处姓名与性别发生冲突，需要根据实际情况修改；第二处数据已经超出合理的数值范围，存在逻辑错误，该数据也是无效的，需要参考其他数据进行调整；第三处数据答非所问，购买意向取值应为"有"或"无"，"不明"则无法判断具体购买意向，需要参考数据的原始记录进行修正。

　　┌──┐ 此处数据不一致。其中，"没有"和"无"表达的是一个意思，相同含义的数据应采取相同的表达方式。

　　┌──┐ 此处数据存在重复的情况，这两条数据代表了同一个样本，需要剔除一条。此外，该个体不同数据来源的月均工资数额不同，因为从线上、线下收集数据时采取了不同的填写形式，所以数据存在不一致的问题，需要统一数据。

清洗后的数据如表5-2所示。

表5-2 购买意向调查清洗后的数据（部分）

金额单位：元

代码	姓名	性别	出生日期	常住地	学历	月均工资	购买意向
1	赵先生	男	1965-4-25	北京	本科	45 000	无
2	钱女士	女	1995-9-5	天津	硕士	13 000	无
3	王女士	女	1988-2-4	济南	本科	10 000	有
4	李女士	女	1979-3-17	上海	大专	20 000	有
5	葛先生	男	1992-7-9	苏州	本科	9 500	有
6	黄先生	男	1985-10-30	深圳	硕士	36 000	有

数据清洗的主要工具

由于数据清洗过程比较耗时，选择合适的专业工具和软件能够提升清洗效率，为后续的数据分析与可视化步骤的实施提供有力保障。本节将介绍五类数据清洗的工具，这五类工具均具备数据清洗的功能，不同的使用者在不同的使用场景下可以选择不同类型的清洗工具（如表 5-3 所示）。

表 5-3　五类主要数据清洗工具

工具类型	代表性工具	是否开源	适用场景及人群
电子表格	Microsoft Excel	否	中小数据集，日常办公中的简单数据清洗，使用门槛低
专门的 ETL 工具	Kettle、Talend	是	大数据集，构建数据仓库的重要一环，面向开发人员
	Datastage、Informatica	否	
编程实现	Pandas、dplyr	是	大数据集，有编程基础，对自定义需求更高的使用者
专业的数据清洗软件	OpenRefine、DataWrangler	是	大数据集，没有编程基础，但有专业数据清洗需求的使用者
BI 数据准备工具	Power Query、Tableau Prep	否	大数据集，直接与 BI 工具对接进行后续分析

电子表格

常见的电子表格类工具包括 Microsoft Excel 等。电子表格类工具具备数据清洗和分析功能，能够实现许多较为复杂的计算，内嵌的各种功能及函数能够帮助使用者快速定位要清洗的数据，借助过滤、筛选、排序、分组等功能识别数据的规律并实现数据清洗。此外，Excel 还支持 VBA（Visual Basic for Applications, Visual Basic 宏语言）编程，可实现更复杂的数据计算和清洗。这类工具的优点是使用门槛比较低，便于处理日常工作和中小型的数据集，处理大型数据集则比较吃力。

专门的 ETL 工具

专门的 ETL 工具常用于数据仓库的构建过程中，是构建数据仓库的重要一环。由于数据仓库中的数据来源十分复杂，可能来源于不同的平台或不同的操作系统，数据量大且种类多，因此为了获取数据并向数据仓库中加载数据，一般需要用专业的工具来完成这一操作。ETL 指的就是将数据从分散的、异构的来源端抽取至临时中间层，进行数据清洗、转换、集成，最终按照预先定义好的数据仓库模型加载至数据仓库的过程，作为后续数据分析的基础。常见的 ETL 工具包括开源的 Kettle（中文译名水壶）和 Talend（中文译名踏蓝），以及商业软件 Informatica（Informatica 公司的 ETL 产品）和 Datastage（IBM 公司的 ETL 产品）等。

编程实现

如果你是一名程序员或是具备编程基础的业务人员，那么你可以选择利用编程来实现数据清洗，实现更个性化和更灵活的操作。编程语言一般在数据清洗方面有自己的程序库和数据包，如 Pandas（Python 的数据分析包）和 dplyr（R 语言的数据包），结合语言的其他工具包，针对特定的数据源编写数据清洗脚本，就可以方便灵活地处理数据集中的错误。以 Pandas 为例，它提供两种高效的数据结构，Series（Pandas 的一维数据结构）和 DataFrame（Pandas 的二维数据结构）。其中，DataFrame 本质是一种带有行标签和列标签、支持相同类型数据和缺失值的多维数组。

这两类数据结构为执行耗时的数据清洗任务提供了便利性。

专业的数据清洗软件

如果你对数据清洗有专业化的要求，但你并不是为了开展数据仓库项目，也没有时间学习编程语言，那么你可以选择专业的数据清洗软件，如 OpenRefine（一种跨平台数据清洗软件）和 DataWrangler（斯坦福大学开发的一种在线数据清洗软件）等。这类工具的操作界面与电子表格很像，但是电子表格并不是为数据清洗而专门设计的工具，在处理大量数据时比较缓慢，功能也比较简单，而使用数据清洗软件可以解决这些问题。下面将对 OpenRefine 进行简单介绍。

OpenRefine 是一款基于 Java（一种程序设计语言）运行环境的交互数据转换工具（Interactive Data Transformation tools，IDTs），具有数据画像、清洗、转换的功能，利用它可以观察和调整数据，通过单个的集成接口对大量数据进行快速高效的操作。它类似于 Excel 等电子表格工具（如图 5-6 所示），但是其工作方式更接近数据库，即以行和列的方式工作，而不是以单元格的方式工作。它具有很高的自定义程度，可以将数据清洗的规则变成简单的代码，从而重复利用。OpenRefine 通过内置算法，能够发现拼写不一样但实际上应分为一组的内容，并给出合并建议，使用者可以选择接受或忽略。数据选项功能能够快速提供数据分布的概况，提示输入错误、单位不一致等导致的数据异常。同时，它也能够实现排序、筛选、透视、大小写转换、去除头尾空格等基本操作，能够有效提升数据清洗效率，获得标准化的数据。

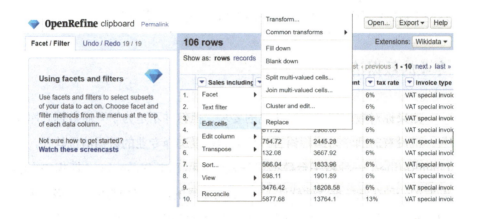

图 5-6　OpenRefine 操作页面

BI 数据准备工具

本书第 7 章会介绍几种常用的数据可视化工具，包括不需要编程的商业智能（Business Intelligence，BI）工具，其中使用较为广泛的是 Power BI 和 Tableau，二者都有配套的数据清洗模块。

Power Query 是 Power BI 的一个组件，也可以作为插件内嵌到 Excel 中。利用它能够快速地获取不同来源、不同结构、不同形式的数据并按统一格式进行横向合并、纵向合并、条件合并等操作，将原始数据转换成期望的结构或格式，完成数据的连接、转换、合并和加载，共享至 Excel 或 Power BI 的另一个组件 Power Pivot 并进行下一步分析（如图 5-7 所示）。

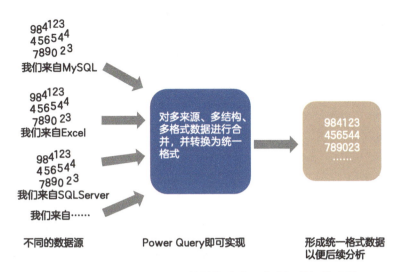

图 5-7 Power Query 能够快速实现多来源数据的合并

Tableau Prep 是 Tableau 推出的一款数据准备产品，能够帮助使用者通过快速可靠的方式对数据进行合并、组织和清洗，应用诸如筛选、添加、重命名、拆分、分组或移除数据列等操作来清洗数据，进一步缩短从数据中获取信息所需的时间。

本章小结

在利用数据价值链完成从数据到智慧的转化时，企业面临着"脏"数据大量存在的挑战，因此数据清洗已经成为数据价值链中的关键步骤。数据清洗通过识别原始数据集中存在的数据质量问题，选择合适的数据清洗方法和清洗工具，彻底检查数据缺失、异常、不一致、冗余等问题，提升数据质量，将原始数据集转化为可靠的、能够利用的目标数据。本章介绍了不同的数据质量问题和数据清洗方法，以及几类主要的数据清洗工具，使读者在了解数据清洗含义、原则和步骤的基础上，对数据清洗工作有更全面的认识。

第 6 章 ∨

数据探索与数据算法

　　数据探索与数据算法是数据价值链中的两个核心环节，面向业务需求，将采集、清洗后的数据由浅入深地进行价值挖掘，发挥数据作用。本章将基于数据价值链，进一步阐明数据探索与数据算法背后的原理性知识，主要内容包括描述数据特征、理解统计基础、认识数据算法以及了解常用工具四个模块。

描述数据特征

<　案例卡片　>

小红真的不合格吗

　　某地产销售部门的年终绩效考核成绩单（如表 6-1 所示）及年终绩效考核整体情况（如表 6-2 所示）被 HR 助手小李发到群里之后，小红看到自己被列在了年终考核不合格名单中，气愤地直奔办公室去找 HR 理论……

表 6-1　某地产销售部门年终绩效考核成绩单

编号	姓名	成绩
1	李舒	100
2	王媛媛	100
3	吴春	100
4	周迪	100
5	李欧	99
6	孙鹏	99
7	郑鹏生	99
8	靳乐乐	98
9	王娜娜	98
10	郑玉	98
11	周海华	98
12	王蓉蓉	97
13	王瑶瑶	97
14	王莹莹	97
15	刘东升	95
16	张三	95
17	赵德文	95
18	白雷雷	83
19	苏迪	83

续表

编号	姓名	成绩
20	王磊磊	83
21	小红	83
22	小智	83
23	苏璐璐	82
24	王冉冉	82
25	王艺颖	82
26	王盼盼	81
27	小明	81
28	郑克鲁	80
29	郑鹏程	80
30	周卫东	80
31	王海红	79
32	王欢欢	79
33	王珊珊	79
34	王伟伟	79
35	王宇阳	79
36	王语嫣	79
37	周柳柳	79
38	小兰	79
39	孙东	78
40	王可可	78
41	王洋洋	78
42	赵倩倩	78
43	小白	78
44	王萍萍	77
45	小杰	77
46	王康康	76
47	王培培	76
48	周丹	76
49	周德文	76
50	王菲菲	75
51	王五	75
52	王亚运	75
53	王艳艳	75
54	吴双	65
55	王玲玲	47

注：成绩单中虚线以下为考核不合格人员。

表 6-2　某地产销售部门年终绩效考核整体情况

均值	中位数	众数	标准差	极差	偏度	峰度
84	80	79	10.64	53	−0.27	1.13

二人对话场景如图 6-1 所示。

小红：为什么我在不合格的名单中呢？我的成绩明明挺高的啊！

小李：但是你们部门的平均成绩是 84 分，你的成绩低于平均成绩，说明你给部门拖后腿了。

图 6-1　"是否合格"之争

二人各持己见，争执不下时，齐刷刷地看向了在场唯一的局外人——你，你更认同谁的观点呢？

你：在说明我支持谁的观点之前，我们先来回顾一些相关的统计学知识，相信在这之后你们心中自然会有答案。

统计分析可以分为描述统计和推断统计。描述统计是研究数据采集、处理、汇总、图表描述、概括与分析等内容的研究方法；推断统计则是研究如何利用样本数据来推断总体特征的统计方法。

描述统计分析通过描述数据总体特征，可以达到认识数据总体规律的目的，为后续深入的分析奠定基础。针对这三个层面的问题，即部门的平均绩效考核成绩是多少，部门绩效考核最高分和最低分之间存在多大差别，全部门绩效考核成绩的总体分布是什么形态，描述统计分析有三个维度的统计指标：集中趋势指标、离散趋势指标和分布形态指标，如图 6-2 所示。

图 6-2　描述统计指标

集中趋势指标

集中趋势指标又称"数据的中心位置"，用以描述数据的集中趋势。例如：部门的平均绩效考核成绩是多少，部门的绩效考核成绩从低到高排列，处于中间位置的那位员工考核成绩是多少，全部门取得哪一个考核成绩的人数最多。以上三个问题分别对应常用的三个集中趋势指标：算术平均数、中位数、众数。

（1）算术平均数

算术平均数又称均值，描述了数据的平均趋势，是重要的数据集中趋势测量指标。算术平均数包括简单算术平均数和加权算术平均数。

简单算术平均数用于未分组的原始数据，在不考虑权重的情况下，对所有数值赋予平等权重，进行简单的均值计算。例如，小红所在部门所有同事的分数加和之后除以部门总人数就是部门的平均成绩 84 分，如表 6-2 所示。

加权算术平均数则是在赋予数值不同权重之后再进行加总平均。例如，消费价格指数（Consumer Price Index，CPI）是反映社会物价水平的重要指标，由八大类商品的价格指数按照不同的权重进行加权平均计算得出，权重如图 6-3 所示。

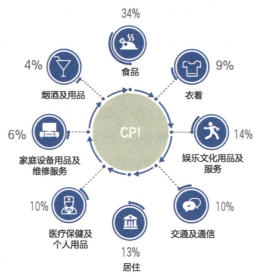

注：以上为 2001 年数据

图 6-3　CPI 各组成部分及权重

CPI 计算公式如下。

CPI=34%x_1+9%x_2+14%x_3+10%x_4+13%x_5+10%x_6+6%x_7+4%x_8

公式中：x_1——食品价格指数；x_2——衣着价格指数；x_3——娱乐文化价格指数；x_4——交通及通信价格指数；x_5——居住价格指数；x_6——医疗保健价格指数；x_7——家庭设备价格指数；x_8——烟酒及用品价格指数。

算术平均数是一组数据内部的随机性和偶然性互相抵消得到的稳定数值，反映了数据的平均规律，不易受到抽样变动的影响。然而，抵消数据随机性和偶然性意味着会受极值信息扰乱，均值结果容易受到极端值的影响。例如，案例卡片中地产销售部门的平均绩效分数是 84 分，被误认为部门一半同事的绩效考核成绩在 84 分以上，但实际上 84 分以上的同事仅有 17 人，所以不能仅基于平均值去评判一组数据。

（2）中位数

中位数又称中值。将一组数据按照数值大小进行排列，中位数是处于数列中点的数值，将数据集合分为上下容量相等的两个部分。中位数是顺序数据集的位置平均数，只与中间位置的数据有关，不易受极端值影响。例如，收入中位数，是指用中位数衡量某地区普通民众的收入水平，相比较于人均收入，收入中位数更贴近普通民众的实际生活水平。

然而，中位数作为中间位置的平均数，意味着其他位置的数据信息丢失，缺乏对整体数据集变动的敏感性。比如，案例卡片中地产销售部门的年终考核成绩的中位数是 80，如果排名在 80 分之后的同事都是 50 分，部门年终考核成绩的中位数还是 80，也就是说，中位数不会因为其他位置数据的变化发生变化。

（3）众数

众数是一组数据中出现次数最多的值，更能表达数据集中的趋势。众数不具有唯一性，与中位数类似，具有不受极端值影响、缺乏敏感性、不适合代数运算等特点。在上文的考核成绩单中，可以直观地看出得 79 分的人数最多，即 79 分为考核成绩中的众数。

当一组数据的波动水平较大时，说明一般水平对数据总体的代表性较差，那么集中趋势就不能够完整且准确地描述这组数据。所以，还需继续分析这组数据的波动水平，也就是离散趋势指标。

离散趋势指标

与集中趋势对应的另一个特征就是离散趋势，它描述的是数据集中各观测值的离散程度，通常用离散趋势指标代表数据集离散趋势的程度。常用的离散趋势指标包括极差、标准差等。

（1）极差

极差又称全距，是一组数据中最大值与最小值之差。例如，在上文考核成绩单中，极差就是最高分减去最低分的结果，即 53（100-47）分，说明这个部门的年终考核成绩波动非常大。然而，极差由两个极值来决定，没有充分考虑中间数据的离散情况，数据量越大，极差的稳定性越差。

（2）标准差

标准差和方差描述了均值周围的数据分布情况。方差是各数值与算术平均数离差的平方的平均数，而标准差是方差的平方根，能更精确地描述数据波动的程度，因此下面主要讨论标准差。

标准差是计算各数据与算术平均数离差的平方的平均数再开方的值，充分考虑了所有观测值与均值的离散程度，避免了数据随机性的正负相抵，是重要的离散趋势指标。标准差越小，数据离散程度越小。计算公式如下。

$$\sigma = \sqrt{\frac{(x_1-\overline{x})^2 + (x_2-\overline{x})^2 + (x_3-\overline{x})^2 + \cdots + (x_n-\overline{x})^2}{n}}$$

公式中：σ——标准差；$x_1,x_2,x_3,\cdots,x_n$——观测值；$\overline{x}$——算术平均值；n——观测值的个数。

通过分析发现，案例卡片中的小红所在部门年终考核成绩的标准差为10.64，说明数据之间波动水平较大，意味着大部分员工的成绩在73—95（均值84 ± 标准差10.64）[1]之间，小红的成绩也处于这个成绩范围中。

利用集中趋势和离散趋势指标能够对一组杂乱无序的数据进行简单的统计学分析，并得出一些可以信赖的结论。但是，人们对于文字描述的感知能力往往低于对图形描述的感知能力，因此还需进一步分析数据的分布形态指标，从而更为直观地理解数据的分布特征。

---

[1]　正态分布 3σ 原则：数值分布在（$\mu-\sigma$，$\mu+\sigma$）中的概率为 0.682 6，其中 σ 代表标准差，μ 代表均值。

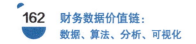
分布形态指标

数据的分布形态各异，虽然通过描述统计能大体掌握一组数据的分布特征，但对于这组数据分布的不均匀程度还无法进行定量描述，所以为了将数据分布描述得更加具象，我们应当继续计算偏度和峰度等分布形态指标。

（1）偏度

偏度是度量数据分布非对称程度的数学特征。偏度大于 0，称分布具有右偏离（正偏态）；偏度小于 0，称分布具有左偏离（负偏态）。偏度可以衡量随机变量的概率分布偏离正态分布的程度，直观看来就是密度函数曲线尾部的相对长度，如图 6-4 所示。很高的偏斜程度往往代表存在极端值或异常值。偏度的计算公式如下。

$$S_k = \frac{\mu_3}{\sigma^3}$$

公式中：S_k——偏度；μ_3——三阶中心矩 [1]；σ——标准差。

案例卡片中小红所在部门的年终考核成绩的偏度是 −0.27，因此为左偏离（负偏态），也就是说有员工的年终考核成绩过低，表现为极端值，由于偏度较小，因此大部分员工的成绩集中在平均值附近。

---

[1] 中心矩：k 阶中心矩是随机变量 X 偏离其中心距离的 k 次方的期望值，可表示为 $E\{[X-E(X)]^k\}$，常用于衡量随机变量的分布。例如，二阶中心矩，即方差，用来衡量分布的离散程度；三阶中心矩的正负和大小用来衡量分布的不对称性。

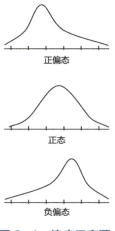

图 6-4　偏度示意图

（2）峰度

峰度描述了数据分布形态的陡缓程度，可以理解为数据分布相较于标准正态分布的高矮程度。如果一组数据服从标准正态分布，则峰度系数等于 0。峰度可以代表方差在多大程度上是极端值的出现造成的，峰度越大，分布越高，尾部越厚。当峰度系数 > 0，从形态上看，它相比于正态分布要更陡峭或者尾部更厚；而峰度系数 < 0，从形态上看，则比正态分布更平缓或者尾部更薄，如图 6-5 所示。

峰度计算公式如下。

$$\gamma_2 = \frac{\mu_4}{\sigma^4} - 3$$

其中，μ_4——四阶中心矩，σ——标准差。

案例卡片中小红所在部门年终考核成绩的峰度为 1.13，因此成绩分布更加陡峭并且尾部更厚，也就是说有较多的极端值存在。

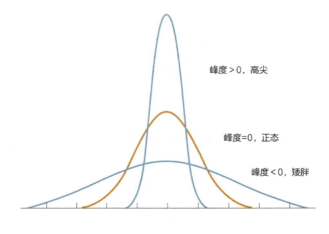

峰度>0, 高尖

峰度=0, 正态

峰度<0, 矮胖

图6-5　峰度示意图

　　综合以上分析, 案例卡片中小红的考核成绩应该合格。虽然描述统计内容较为基础, 但在分析解决日常问题时扮演着重要角色。面对统计采集的一系列数据, 描述统计分析利用简单的计算和直观的图形即可反映出数据的整体情况, 同时能够展现数据特征、发现异常问题。

理解统计基础

虽然描述统计将复杂的数据进行整理归纳，以指标或者图表的方式来反映数据的总体规律，可以帮助人们初步认识数据，但现实生活中问题往往更为复杂，人们无法获得所有数据或难以对所有数据进行描述统计。那么，这时就需要利用手中已有的数据来进行合理的推测，以解决问题，即利用已知数据对未知数据进行推断。而推断的过程中往往需要运用统计学原理、推断统计、相关性分析等内容。

统计学原理

（1）理论基础

● 大数定律。

大数定律是指在随机试验中，每次出现的结果不同，但是大量重复试验后出现结果的平均值几乎总是接近于某个确定的值。简单来说，在随机事件大量重复的过程中，个体差异会彼此抵消，整体会呈现一个必然规律。比如抛掷硬币，如果抛掷次数足够多，就会发现在所有抛掷结果中，正面朝上和反面朝上的次数各占总体的二分之一。

● 中心极限定理。

中心极限定理是数理统计学和误差分析的理论基础，指出了大量随机变量积累分布函数逐点收敛到正态分布的积累分布函数的条件。也就是说，中心极限定理是使用一定量的样本对一个更大的数量对象进行推理的依据[①]。

● **大数定理与中心极限定理的区别与联系。**

大数定理描述了多次随机试验的客观规律；而中心极限定理则强调多次随机试验的结果如何逼近客观规律，也就是在对样本进行试验之后，对事物的总体进行估计。比如，人们只需要对某食品加工厂生产的 100 份产品进行检测，就能大致得出这家工厂该批次所有产品是否可靠的结论。

在实际应用中，在利用样本对总体进行推断之前，还需要首先了解问题的研究对象及其取值分布的情况。

（2）概率分布

概率分布可以分为两大类：离散分布和连续分布。概率分布属于哪一类取决于随机变量是离散型随机变量还是连续型随机变量。

离散型随机变量与连续型随机变量的区分很简单，就在于随机变量的取值是否能够一一列出。其中，离散型随机变量只能取有限个值，即可以一一列出，且其取值只能是离散型的自然数，如掷骰子时的点数、抛硬币时正面朝上的次数等；而连续型随机变量可以取某一区间的任意实数，相邻两个取值之间可以做无限分割，即所有可能取值不可以逐个列举，如一天的温度、一批电子元件的寿命等。

那么，离散分布和连续分布又分别是什么呢？

● **离散分布**：离散分布是指如果随机变量 X 的所有可能的取值是离散型随机变量，那么它的概率分布函数的值域是离散的，对应的分布即为离散分布。常见的离散分布包括二项分布、泊松分布、均匀分布等，如表 6-3 所示。

---

① 惠伦. 赤裸裸的统计学 [M]. 曹槟，译. 北京：中信出版社，2013.

表 6-3　常见离散分布

分布名称	适用类型
二项分布	1. 每次试验只有两种可能结果，并且两种结果互斥 2. 每次试验之间相互独立，即每次试验不受其他试验的影响 3. 事件发生的概率不变
泊松分布	1. 一次抽样的概率值相对较小 2. 抽取的次数相对较多
均匀分布	1. 试验可能出现的情况是有限的 2. 每种情况出现的概率相同

● **连续分布**：连续分布指的是随机变量 X 在其区间内能取任何数值，也就是说概率密度函数是连续的，那么它的分布函数是连续的，对应的分布为连续分布。常见的连续分布包括均匀分布、指数分布和正态分布等，如表 6-4 所示。

表 6-4　常见连续分布

分布名称	适用类型
均匀分布	1. 随机变量在区间 (a, b) 上连续取值 2. 随机变量在区间 (a, b) 上每一点的取值概率相同
指数分布	1. 表示独立随机事件发生的时间间隔 2. 大型复杂系统（如计算机）的平均故障时间间隔
正态分布	1. 随机变量服从未知参数为 μ、尺度参数为 σ 的概率分布 2. 连续型随机变量符合正态分布的概率密度函数

推断统计

基于研究对象的分布情况，可以采用推断统计的方法从总体中抽取样本数据进行分析。推断统计是基于样本数据推断总体数据特征的统计方法，包括参数估计和假设检验。

（1）参数估计

参数估计是根据从总体中抽取的随机样本来估计总体分布中未知参数的方法，包含点估计和区间估计两种方法。

● **点估计。**

点估计也称定值估计，指用样本统计量的某个取值 $\hat{\theta}$ 直接作为总体参数的估计值 θ 的方法。例如，用样本均值 $\bar{x}$ 直接作为总体均值的估计值 μ，用样本方差 s^2 直接作为总体方差 σ^2 等。

构造点估计常用的方法包含：①矩估计，用样本矩估计总体矩；②极大似然估计，构造似然函数以求出使得样本出现概率最大的参数；③最小二乘法，主要用于线性统计模型中的参数估计问题。

● **区间估计。**

区间估计是在点估计的基础上，给出总体参数估计的区间，该区间通常由样本统计量加减估计误差得到。与点估计不同，进行区间估计时，根据样本统计量的抽样分布可以对样本统计量和总体参数的接近程度给出一个概率度量。通俗来说，可以用概率来表示总体参数可能落在某数值区间。进一步地，由样本统计量所构造的总体参数的估计区间称为置信区间，其中，区间的最小值为置信下限，最大值为置信上限。

如果点估计用样本估计值代表总体参数的方法有些以偏概全，那么，区间估计这种由样本统计量构建置信区间的方法则相对合理，且更有把握。比如，在射击时，命中靶心很难，但命中 8 环、9 环则相对容易。区间估计的种类很多，主要包括总体平均值的区间估计、总体百分数的区间估计、标准差和方差的区间估计、相关系数的区间估计等。

（2）假设检验

推断统计的另一重要内容是假设检验。虽然假设检验与参数估计都是利用样本对总体进行推断，但二者的推断角度不同。参数估计讨论的是用样本统计量估计总体参数的方法，总体参数在估计前是未知的。而假设检验中，先对总体参数提出某种假设，然后基于样本信息去检验这个假设是否成立[①]。常见的假设检验包括 Z 检验、t 检验、F 检验、卡方检验等。

假设检验时，一般会设置两个假设：一个为原假设（H_0），指统计者想要拒绝的假设；另一个为备择假设（H_1），指统计者想要接受的假设。首先，认为 H_0 是成立的，小概率思想认为小概率事件在一次试验中基本不可能发生，于是只能冒着小概率的风险拒绝 H_0，而接受与之对立的假设 H_1，这就是假设检验的统计思想。

假设检验时一般会出现两类错误：第一类错误为弃真错误，指原假设为真时错误地拒绝了原假设，将犯第一类错误的最大概率记为 α；第二类错误为取伪错误，指原假设为假时错误地接受了原假设，将犯第二类错误的最大概率记为 β。假设检验的两种错误如表 6-5 所示。

表 6-5　假设检验的两种错误

基于样本的决定	原假设（H_0）	备择假设（H_1）
原假设（H_0）	无错误 （$1-\alpha$）	第二种错误 （β）
备择假设（H_1）	第一种错误 （α）	无错误 （$1-\beta$）

在做假设检验之前，统计者会根据业务情况设定可以接受的犯错概率，也就是显著性水平。显著性水平越小，表示犯第一类错误的概率越小，一般取值为 0.01、0.05、0.1 等。当给定了假设检验的显著性水平之后，即可根据显著性水平及检验统计量查表得到拒绝域。拒绝域是由显著性水平所围成的区域。如果利用样本观测结果计算出的检验统计量的具体数值落在了拒绝域内，就拒绝原假设（H_0）；反之，如果没有落在拒绝域内，则不能拒绝原假设（H_0）。拒绝域如图 6-6、图 6-7 所示。

---

① 贾俊平,何晓群,金勇进.统计学:第6版[M].北京:中国人民大学出版社,2014.

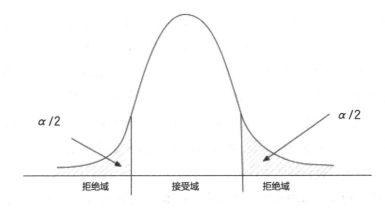

图 6-6 双侧检验拒绝域

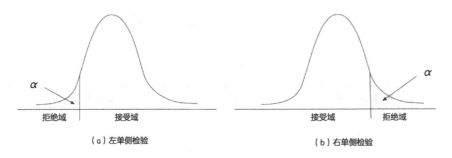

（a）左单侧检验　　　　　　　　　　（b）右单侧检验

图 6-7 单侧检验拒绝域

因此，假设检验的一般步骤可以总结为：①设定假设；②设定决策标准（选择检验统计量）；③确定拒绝域；④判断样本结果是否位于拒绝域；⑤做决策。

假设检验在日常的数据分析中应用非常广泛。例如，银行的数据分析师会利用假设检验的方法去分析企业不良资产产生的原因。首先，数据分析师会先假设一些不良资产可能形成的原因，然后针对每个假设分别去搜集证据，接下来检查证据是否能令人信服，即误差是否在可以接受的范围内。假如证据令人信服，那么说明这个假设就是不良资产形成的原因；反之，假如证据不能令人信服，则这个假设不成立。

相关性分析

除了通过描述统计了解数据特征、通过推断统计得知总体分布，不同数据变量之间的相关关系，也是数据探索过程中的重要内容。相关性分析是研究两个或两个以上随机变量之间的相关关系的统计分析方法，主要方法包括绘制相关图表和计算相关系数。

（1）相关表

相关表是能够反映两个或两个以上变量之间的关系的统计表，能够使冗长杂乱的资料得以简化，相对清晰地反映变量之间的相关关系，具体包括简单相关表和分组相关表。例如，下面是某商店 10 名员工的工龄与日工资之间的简单相关表（如表 6-6 所示），通过这个简单相关表可以看出，员工工龄越长，日工资越高。

表 6-6　简单相关表示例

类别	数据									
工龄（年）	2	2	2	3	3	4	4	5	5	6
日工资（元）	120	130	130	150	160	180	180	200	240	300

（2）相关图

相关图又称散点图或散布图，是研究相关关系的直观工具。一般在进行详细的定量分析之前，可先利用相关图对现象之间存在的相关关系的方向、形式和密切程度进行大致判断，如图 6-8 所示。

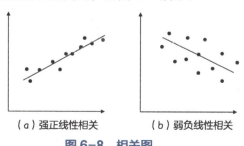

（a）强正线性相关　　　　（b）弱负线性相关

图 6-8　相关图

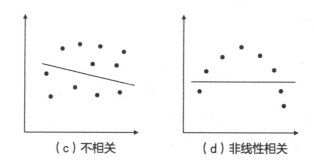

（c）不相关　　　　　　　（d）非线性相关

图6-8　相关图（续）

（3）相关系数

相关系数是研究变量之间相关程度的量。常用的相关系数有 Pearson 相关系数。

Pearson 相关系数也称积差相关（或积矩相关），用来衡量两个数据集合是否在一条线上，适用于两个变量都是正态连续变量，且两者呈现线性关系。相关系数大小与相关关系强弱的联系如图 6-9 所示。

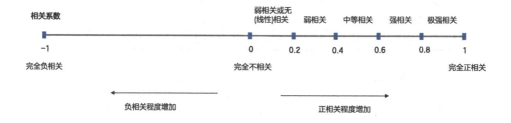

图6-9　相关系数大小与相关关系强弱

Pearson 相关系数在实际生活中的应用十分广泛。例如，研究国民收入和居民储蓄、身高和体重、平时成绩和期末成绩等变量之间的关系时，均可以使用 Pearson 相关系数。

认识数据算法

在 DT 时代，人工智能中的算法与模型作为深度数据分析的重要工具，显示出前所未有的重要性。其中，算法是基于数据创建机器学习模型的过程，是从数据中学习，或对数据集进行拟合的过程，是面对海量数据进行分析处理和获取信息的过程，常见的算法包括回归算法、分类算法、聚类算法、关联规则算法、时间序列算法等；而模型则是基于已有数据集，运行机器学习算法所得到的输出内容，即通过算法，得到最终学习的结果，比如线性回归算法的结果是一个由具有特定值的稀疏向量组成的模型。

回归算法

回归算法是机器学习中常见且易于理解的算法之一，其基本原理是利用回归分析，确定两个或者两个以上变量间的定量关系，常用来处理预测问题，主要包括线性回归算法和非线性回归算法。

以航空公司预测某年 10 月的利润为例，已知当年 1 月至 9 月各月利润，该航空公司采用修整的线性回归分析法来预测 10 月的利润额，相关数据如表 6-7 所示。其中，以 5 月为基准，X 表示当月与 5 月之间的间隔期，Y 表示当月的利润额。

表 6-7　航空公司当年利润数据

金额单位：亿元

月份	Y	X	XY	X^2
1	16.21	−4	−64.84	16
2	18.23	−3	−54.69	9
3	6.4	−2	−12.8	4
4	12.48	−1	−12.48	1
5	0.64	0	0	0
6	1.78	1	1.78	1
7	15.38	2	30.76	4
8	12.21	3	36.63	9
9	8.98	4	35.92	16
总计	ΣY=92.31	ΣX=0	ΣXY=−39.72	ΣX^2=60

通过计算可以得出，Y 与 X 之间存在的线性关系为 Y=10.26−0.66X，故当年 10 月的利润预期为 6.96 亿元。航空公司 10 月利润预测如图 6-10 所示。

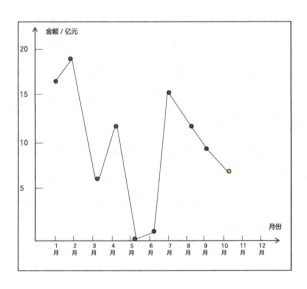

图 6-10　航空公司 10 月利润预测

现实情况往往较为复杂，相比于一元线性回归模型，多元回归模型更具说服力，在现实中也应用得更为广泛。一元线性回归描述的是一个自变量对因变量的影响，多元线性回归描述的是多个自变量对因变量的影响。

例如，某共享单车公司运营团队为了更加准确地进行广告投放，提升顾客对本公司共享单车的使用率，计划根据顾客填写的共享单车服务满意分数建立线性回归模型，通过分析顾客的不同特征对服务满意分数的影响程度去辅助最终的广告投放决策。

多元线性回归的模型如下。

$$y=a_0+a_1 x_1+a_2 x_2+a_3 x_3+\cdots+a_n x_n$$

其中，y 为满意分，x_1 可为性别的取值，x_2 可为年龄的取值，x_3 可为收入的取值，$x_4\sim x_n$ 可以为其他相关指标的取值。当求出 a_1、$a_2\cdots a_n$ 这些参数的数值后，就可以得知什么特征对服务满意分数的正向影响最大，进而可以选择拓展拥有这些特征的客户群体，从而达到提升共享单车使用率的目的。

分类算法

分类是人类认知事物的基本方法，人类通过对事物进行分类，从而根据每个类别的特征快速识别每个具体的事物。分类的本质是根据一定的标准，将事物归到不同的类别中，从而重新认知事物的过程[①]。分类不仅是认识事物的基本方法，而且可以作为数据分析的重要方法。

分类算法的基本功能是预测，即通过运行算法、建立模型来预测未知对象的类别。例如，手机软件助手可以帮助我们将收到的一些无用短信和骚扰电话自动归类为垃圾短信及电话。分类算法被广泛应用于日常生活中，较为常见的包括 KNN 算法、Logistic 回归算法、决策树算法、BP 神经网络算法等。

---

① 赵兴峰. 企业经营数据分析：思路、方法、应用与工具 [M]. 北京：电子工业出版社,2016.

（1）KNN 算法（K 最近邻算法）

KNN（K-Nearest Neighbor）算法的基本思想可以通俗地理解为"近朱者赤，近墨者黑"。具体而言，当给定一个训练集和一个测试对象，训练集中每一个数据都存在标签，即已知训练集中每一数据与所属分类的对应关系，如果想要判断测试对象的分类标签，首先需要计算出测试对象与训练集中每个对象的距离，常用的是欧式距离或者曼哈顿距离[①]；然后，选择最近的 K 个对象，这 K 个对象中出现次数最多的标签即测试对象的标签，以此类推完成分类。通常 K 值是不大于 20 的整数，一般采用交叉验证来进行确定。

KNN 算法在现实生活中的应用场景十分丰富。例如，KNN 算法通过消费者分类可以帮助电商和社交网站进行产品的精准营销，帮助保险公司精准挖掘潜在客户，帮助营销部门精准投放广告，也可以帮助金融机构评判企业及个人的信用风险。

〈 案例卡片 〉

用 KNN 算法预测咖啡新品能否成为明星产品

某咖啡连锁品牌近日在旗下一门店推出一款全新咖啡饮品 A，经过一个月的新品试卖后，门店想根据这款咖啡的价格及一个月试卖期内的销售量来预测这款咖啡是否可以发展成门店的明星产品，为门店带来丰厚的收益。为此，门店收集了新品 A 与往期推出过的六款咖啡饮品在试卖期内的销售价格及销售量（如表 6-8 所示）。在这六款饮品中，有三款咖啡饮品已成为门店的明星产品，每日销售量稳居门店前三；另外三款咖啡饮品则没有获得顾客青睐，经过一个月试卖后销售量持续走低。

---

① 欧氏距离指多维空间中两个点之间的真实距离，或者向量的自然长度，即该点到原点的距离；曼哈顿距离指两个点在标准坐标系上的绝对轴距总和，即两点在南北方向上的距离加上在东西方向上的距离。

表 6-8 各期咖啡饮品销售数据

咖啡品类	销售价格 / 元	月销售量 / 杯	类型
燕麦焦糖玛奇朵	32	1 122	明星产品
海盐拿铁	32	1 036	明星产品
榛果拿铁	36	1 012	明星产品
燕麦拿铁	39	825	非明星产品
抹茶拿铁	36	703	非明星产品
桂花摩卡	41	701	非明星产品
新品 A	35	982	—

将表中的数据以坐标轴的形式表示，即用 x 轴表示咖啡销售价格，y 轴表示试卖期销售量，可以更加直观地看出明星产品和非明星产品的分布范围的差别，如图 6-11 所示。

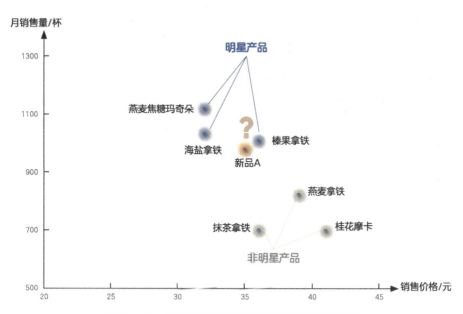

图 6-11 各期咖啡饮品销售价格与销售量分布

这时要判断新品 A 是否能成为明星产品，就需要首先计算出新品 A

与训练集中每个对象的距离（此处重点展示算法原理，省略距离的计算过程）；然后需要确定 K 值，得到距离新品 A 最近的 K 个点都是哪些饮品，从而对 A 进行判断。

假定 $K=3$，即从训练集中选出三个点，通过计算得到与新品 A 最近的三个点分别是榛果拿铁、海盐拿铁和燕麦焦糖玛奇朵，而这三款饮品都成了明星产品。那么，可以据此判断新品 A 也很可能成为明星产品。

（2）Logistic 回归算法

Logistic 回归算法是一种主要用于解决二分类问题的机器学习方法，即只有"是"或"否"两种结果，用以估计某事件发生的可能性。

Logistic 回归最早被丹尼尔·马丁（Daniel Martin）用来预测企业破产及违约的概率。他从 1970—1977 年大约 5 700 家美联储成员银行中界定出 58 家困境银行，并从 25 个财务指标中选取总资产净利润率等 8 个财务指标进行企业破产与违约概率的预测，同时通过与 Z-Score 模型、ZETA 模型[①] 的对比，发现 Logistic 回归模型的预测能力最优[②]。其后，Logistic 回归在信用风险评价分析方面得到广泛应用。

除了用于信用风险分析，Logistic 回归在医学中也被广泛应用于判定某种疾病发病与否，以及研究某种因素是否会导致某种疾病的发生。此外，该模型也拥有丰富的商业应用场景，比如电商企业判断用户是否购买某种商品，平台企业估计某广告是否会被用户点击，以及企业判断某种方案被用户接受的可能性、某个投资决策是否有效等。

[①] Z-Score 模型是以多变量的统计方法为基础，以破产企业为样本，通过大量的实验，对企业的运行状况、破产与否进行分析、判别的系统；ZETA 模型则是对原始 Z-Score 模型进行扩展而建立的第二代模型。

[②] 庞素琳.Logistic 回归模型在信用风险分析中的应用 [J]. 数学的实践与认识,2006,036(009):129-137.

＜ 案例卡片 ＞

利用 Logistic 回归建立企业财务风险预警模型 [①]

以建立财务风险预警模型为例，利用 Logistic 回归可以帮助企业预测财务风险，以达到提前预知风险、控制风险、防范风险的目的。其分析过程包括：首先，分别收集正常企业与财务困境企业的财务指标数据，对指标进行分组检验，并对相关指标进行筛选；然后，基于 Logistic 回归构建风险预警模型，利用预警模型预测样本判断企业是属于正常企业还是财务困境企业；最后，将模型预测结果与实测结果进行比较，判定模型的预测效果。

本案例的样本数据来源于"中国上市公司财务指标分析数据库"中的 23 家制造业上市企业，以及 30 家制造业非上市企业的 2015-2016 两年的财务指标。经过检验，筛选出可以用于模型预测的指标。

在总结以往预警模型的基础上，运用 Logistic 回归构建企业财务风险预警模型如下。

$$P = \frac{e^{Y_i}}{1 + e^{Y_i}}$$

其中，$Y_i = 6.924 + 1.148F_1 + 11.598F_2 + 1.162F_3$。

此模型中 F_1、F_2、F_3 分别代表不同的情况：F_1 表示企业中的债务情况、F_2 表示企业的获利情况、F_3 表示企业的权益增长能力。P 值则用来表示企业处于财务困境的可能性，P 值越大，意味着企业处于财务困境的可能性越大。模型中的因子受财务比率影响，进而影响着企业陷入财务困境的可能性。例如，代表企业债务情况的因子 F_1，受现金流量比率、权益负债比率、流动比率和债务保障率的影响而变化，P 值就会随之变化，那么企业陷入财务困境的可能性就会发生改变。

通过上面的 Logistic 回归模型得出的结果对不同企业进行判定，用 0.5 作为临界值，如果 P 值比 0.5 小，就判定为正常企业，反之判定为财务困境企业，以此完成对企业经营情况的分类预测。

---

① 李长山. 基于 Logistic 回归法的企业财务风险预警模型构建 [J]. 统计与决策,2018,34(06):185-188.

同时通过计算可得，该企业财务风险预警模型总体预测的准确率为 98.6%，说明可以通过企业财务风险预警模型判断企业是否会陷入财务困境，而后再去解决存在的问题，即上市企业通过建立预警模型能够有效防范财务风险。

（3）决策树算法

在企业经营管理过程中，经常遇到需要对若干个可行方案进行选择的场景，每个方案都可能出现几种结果，每种结果的出现都有一定的概率，因此，企业的决策有一定的胜算，但是也存在着一定的风险。这种情况下，就可以利用决策树算法进行方案分类，从而进行选择。

决策树是机器学习中的一个树状预测模型。比如有些银行会根据客户的基本信息情况，搭建贷款偿还预测决策树，通过学习形成分类器，据此对客户未来的贷款偿还能力进行预测，判断是否应该接受贷款申请。图 6-12 中，判断贷款人是否拥有房产，是否结婚，平均月收入高于还是低于 3 000 元。决策树上每一个内部节点都表示一个属性条件判断，叶子节点表示贷款用户是否具有偿还能力。例如，贷款人 A 没有房产，没有结婚，月收入 7 000 元，那么，通过决策树的叶子节点可以预测贷款人 A 具备偿还贷款能力。

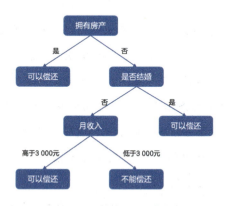

图 6-12　贷款偿还预测决策树

由图 6-12 可以看出，决策树很自然地还原了做决策的过程，将一个复杂的决策拆分成了一系列简单的选择，从而直观地解释了决策的整个过程。

（4）BP 神经网络算法

BP（Back Propagation）神经网络算法，顾名思义是一种反向传播的神经网络算法，那么在这里反向传播的是什么呢？答案就是误差。那么为什么要反向传播误差呢？

事实上，构建 BP 神经网络模型的过程主要分两个阶段：第一阶段是信号的前向传播，从输入层经过若干层隐藏层，最后到达输出层；第二阶段是误差的反向传播，从输出层到隐藏层，最后到输入层，依次调节隐藏层到输出层的权重和偏置、输入层到隐藏层的权重和偏置，从而减小输出的误差。通过误差的持续反馈，不断调节权重，最终将误差降低到可以接受的范围，得到一个自学能力强的神经网络模型。

神经网络的基础架构至少包含三层神经元，每层神经元里面有若干个神经元点，相邻层之间的神经元相互连接，每一层神经元内部不连接。图 6-13 所示为分类上市公司经营状况神经网络基础架构，该架构通过多次的前向传播和反向传播得到每股收益、每股净资产、净资产收益率以及每股现金流量（输入层）与上市公司经营状况（输出层）之间的对应关系，即神经网络模型。在此模型中，输入某家上市公司的相应指标，可直接输出其经营状况，即经营状况"好""正常"或者"差"。

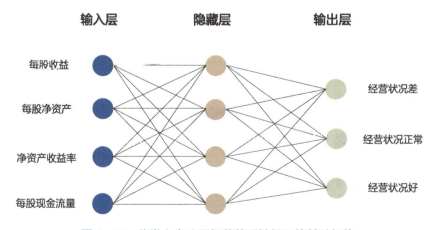

图 6-13 分类上市公司经营状况神经网络基础架构

聚类算法

聚类和分类一样，都是人们在认识复杂事物时寻找规律的第一步，降低被分析问题的复杂程度，从而简化问题。二者都是把多个分散的事物归集为不同的类别，但与分类不同的是，聚类的过程并不关心这一类别是什么，只关心将相似的事物归集到一起。

具体区分聚类算法和分类算法，则涉及机器学习中的另一组概念：监督学习与无监督学习。

机器学习的训练方法主要包括监督学习、无监督学习及强化学习等。其中，监督学习是利用已标记的有限训练数据集，通过某种学习策略或方法建立一个模型，实现对新数据或实例的映射。图 6-14 中，在监督学习下，有两个训练数据集，一部分已被标记为"狗"，一部分已被标记为"猫"，如果输入一张新的图片，机器可学习已有标签的数据集中的分类规律，将新图片打上"狗"或"猫"的标签。无监督学习是利用无标记的有限数据描述隐藏在未标记数据中的规律。图 6-15 中，在无监督学习下，机器不需要已经打好标签的训练数据集，它通过对训练集的不断学习，可以自动识别训练集中存在两个类别的图片，如果再输入一张新的图片，机器可以根据已形成的分类规则将其自动分类，但是此时机器并不能给新图片打上"狗"或"猫"的标签。

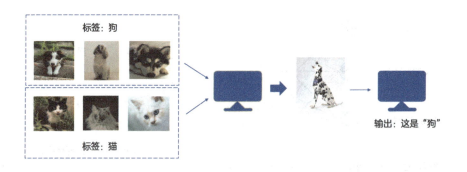

图 6-14 监督学习过程

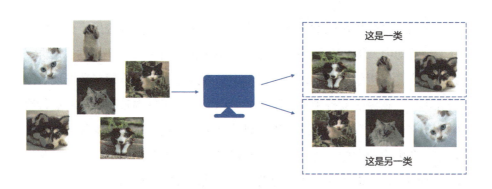

图 6-15 无监督学习过程

　　回归和分类都属于监督学习中典型的算法，而聚类则属于典型的无监督学习算法。因此，分类和聚类的区别显而易见，分类作为一种监督学习方法，必须事先明确各个类别的信息，并且所有待分类项都有一个类别与之对应。但是聚类的目标只是把相似的东西聚到一起，并不需要明确类别的信息，也不需要明确所有的待分类项对应的类别。

　　K-Means 算法是一种常用的聚类算法，其思想是对于给定的样本集，按照样本之间的距离大小，将样本集划分为 K 簇，让簇内的点尽量紧密地连在一起，从而让簇间的距离尽可能大。K-Means 的算法过程可以简单理解为以下步骤：

　　a. 从 N 个样本数据中随机选取 K 个对象作为初始的聚类中心；

　　b. 分别计算每个样本到各个聚类中心的距离，将对象分配到距离最近的聚类中；

　　c. 所有对象分配完成后，重新计算 K 个聚类中心；

　　d. 与前一次计算得到的 K 个聚类中心比较，如果聚类中心发生改变，转步骤 b，否则转步骤 e；

　　e. 当聚类中心不再发生变化时停止并输出聚类结果[1]。

---

[1]　张良均, 云伟标, 王路, 等.R 语言数据分析与挖掘实战 [M]. 北京：机械工业出版社,2015.

运用聚类分析可以对无标签样本进行分析，因此实际应用十分广泛。在营销活动中，聚类能够帮助市场分析人员从客户库中发现不同的客户群，找到用户画像相似的人群，可以量身定制方案进行定向推销或者发现新的潜在用户；在保险业务中，保险企业可以对平均赔付率较高的人群进行聚类，研究相似特征，从而达到鉴别风险、个性化定价以及识别骗保行为的目的；在电商企业中，通过分组聚类出具有相似行为的客户，并分析客户的共同特征，帮助企业了解自己的客户，从而使得自己的产品能够更好地服务于客户。

关联规则算法

关联规则分析也称为购物篮分析，起初是为了发现超市销售数据库中不同的商品之间的关联关系。关联规则是通过机器学习的方式寻找数据间的关联性并对数据进行必要的转换。那在实际中使用关联规则算法进行分析时，如何得知两个事件的关联强度呢？

这里就需要引入支持度和置信度两个概念。A 和 B 同时发生的概率 $P(A, B)$ 称为关联规则的支持度。假设 A 为前项事件，B 为后项事件，B 在 A 发生的基础之上发生的概率 $P(B|A)$ 为关联规则的置信度。

$$P(B|A) = \frac{P(A, B)}{P(A)}$$

一般情况下，支持度和置信度越高，说明两个事件之间的关联性越高。但仅观察置信度，不足以说明这种高关联性。例如，B 产品是一种大众产品，那么不管客户购买其他哪种产品都有可能会一起购买 B 产品。这时就需要参考提升度（商品 A 的出现对商品 B 的出现概率提升的程度），提升度可以用置信度除以 B 发生的概率进行计算，即 $\frac{P(B|A)}{P(B)}$。只有当提升度大于 1，才能说明购买 A 的客户比其他客户更有可能去购买 B，此时才有必要向客户推荐 B。

例如，当人们登录某购物网站购买图书时，会发现每本书的销售页面都会显示消费者经常一起购买的图书商品，如图 6-16 所示。这种推荐机制运用的正是关联规则算法。购物网站会将消费者购买的所有图书看作一个购物篮，分析篮中几本书同时出现的概率，例如计算读者买了中兴新云团队财务云系列丛书中的《财务就是IT》之后再买《财务共享服务》的条件概率和置信度，以此作为依据再推荐其他的相关书籍，从而实现交叉销售。购物篮分析可以让企业在销售过程中找到具有关联关系的商品，并以此获得销售收益的增长。

图 6-16 购物网站的图书推荐页面

适用于关联规则的算法比较多，以上指标也均可通过算法得出。接下来将主要介绍几种常用关联规则算法名称及描述[1]，如表 6-9 所示，具体

---

[1] 张良均，云伟标，王路，等. R 语言数据分析与挖掘实战 [M]. 北京：机械工业出版社，2015.

算法不再详细展开阐述。

表 6-9　常用关联规则算法名称及描述

算法名称	算法描述
Apriori	关联规则常用的、经典的、挖掘频繁项集的算法，核心思想是通过连接产生候选项及其支持度，然后通过剪枝生成频繁项集
FP-Tree	针对 Apriori 算法固有的多次扫描事物数据集的缺陷，提出的不产生候选频繁项集的方法
Eclat 算法	Eclat 算法是一种深度优化算法，采用垂直数据表示形式，在概念格理论的基础之上利用基于前缀的等价关系将搜索空间划分为较小的子空间
灰色关联分析法	分析和确定各因素之间的影响程度或若干个子因素（子序列）对主因素（母序列）的贡献度的一种分析方法

随着人们线上活动越来越频繁，数据的优势逐渐凸显，无论是在选购书籍，还是在看电影、听音乐，甚至选择去哪吃饭、吃什么，软件都会推荐更加符合人们偏好的选择。在 DT 时代，关联规则模型方便了各行各业的销售人员，使得他们能够有根据地营销产品，而不是凭借感觉经验。

时间序列算法

经典的回归算法主要是通过回归分析来建立不同变量之间的函数关系，也就是因果关系，去考察事物之间的联系。然而，对于某些变量来说，影响其发展变化的因素有很多，或者主要影响变量的数据难以收集，这种情况就会导致难以建立因果回归模型去发现事物之间的变化发展规律。时间序列算法很好地解决了这个问题。建立时间序列模型时，不需要建立因果关系模型，只需要研究该事物过去发展的历史记录即可得出该变量的发展规律。

时间序列是一种常用的预测方法，在现实中应用十分广泛，如预测利率波动、收益率变化、股市行情等。除了较为传统的移动平均法、指数平均法外，实际中常用的时间序列模型有两种，即 ARMA 模型（Autoregressive Moving Average Model，自回归移动平均模型）和 ARIMA 模型（Autoregressive Integrated Moving Average Model，差分自回归移动平均模型）。其中，ARMA 模型又可细分为 AR 模型（Autoregressive Model，自回归模型）、MA 模型（Moving Average Model，移动平均模型）以及 ARMA 模型。

在介绍具体的模型之前，需要明确的一点是，时间序列按照统计特性可以分为平稳序列及非平稳序列。其中，平稳序列指不存在周期性、趋势性且方差和均值不随时间变化的序列。

ARMA 模型是目前常用的拟合平稳序列的模型。AR 模型由线性回归发展而来，但不是用 x 预测 y，而是用 y 的之前各期数据来预测 y 本身，因此被称为自回归。MA 模型与 AR 模型大同小异，但并非是历史时序值的线性组合，而是历史白噪声的线性组合。ARMA 模型由自回归部分和移动平均部分共同构成。

当时间序列存在上升或下降的趋势，即为非平稳时间序列时，则需要采用 ARIMA 模型。ARIMA 模型包括三个部分：AR、I、MA。其中，I（Integration）为单整阶数，非平稳序列通过几次差分将其转化为平稳序列就称之为几阶单整，因此，ARIMA 模型实质也是 AR 模型和 MA 模型的组合。

事实上，大多数经济社会问题都具有明显长期趋势或季节变动的非平稳时间序列特点，这时就需要对原序列进行差分运算使其平稳，然后再对差分序列建立 ARIMA 模型。运用 ARIMA 模型能够在数据模式未知的情况下找到适合数据所应用的模型，因此在经济和金融领域得到了广泛的应用。

〈 案例卡片 〉

利用 ARIMA 模型预测黄金价格 [①]

以黄金价格预测为例，根据 1973 年 1 月—2010 年 11 月的伦敦现货黄金月度价格数据，通过建立 ARIMA 模型，对 2011 年上半年的国际黄金价格趋势做出预测分析。ARIMA 模型的具体表达式为 ARIMA (p, d, q)，其中 p 表示自回归过程阶数，d 表示差分阶数，q 为移动平均过程阶数。具体预测步骤如下。

第一步：平稳性检验。

为了使数据更为平稳，对黄金价格 goldsa 取自然对数，得到新变量 loggoldsa。通过平稳性检验发现 loggoldsa 时间序列在进行一阶差分后就可达到平稳性的要求，即 d 值为 1。

第二步：模型识别与定阶。

对 ARIMA $(p, 1, q)$ 模型中的 p 值和 q 值进行识别。对变量 loggoldsa 进行自相关分析，并经过多次比较后得出基于 ARIMA $(11, 1, 11)$ 剔除不显著阶数的 ARIMA $[(1, 11), 1, (1, 11)]$ 模型，各项检验结果最优。

第三步：建立黄金价格模型。

基于 ARIMA $[(1, 11), 1, (1, 11)]$ 模型进行估计可以得出关于黄金价格模型的表达式。

$dloggoldsa_t$

$= -0.278\,549 \times dloggoldsa_{t-1} + 0.583\,035 \times dloggoldsa_{t-11} + 0.512\,667\,\varepsilon_{t-1}$

$-0.506\,593\,\varepsilon_{t-11}$

第四步：模型检验。

在进行模型预测之前，需要首先对模型进行检验，如表 6-10 所示。结果显示，根据模型预测出的 2010 年 7 月—11 月的国际黄金价格数据与真实数据存在较小误差（相对误差），即拟合效果较好。

---

① 许立平，罗明志. 基于 ARIMA 模型的黄金价格短期分析预测 [J]. 财经科学, 2011(001):26-34.

表6-10　2010年7月—11月国际黄金价格预测实验结果

单位：美元/盎司

时间	预测值	实际值	绝对误差	相对误差
2010年7月	1 232.92	1 192.97	39.95	3.35%
2010年8月	1 179.64	1 215.81	−36.17	−2.98%
2010年9月	1 232.75	1 270.98	−38.23	−3.01%
2010年10月	1 282.69	1 342.02	−59.33	−4.42%
2010年11月	1 363.46	1 370.82	−7.36	−0.54%

第五步：做出预测。

基于检验拟合效果可以看出，借助该模型能够对2010年12月至2011年5月的黄金价格做出合理预测，最终得到黄金价格预测数据如表6-11所示。

表6-11　2010年12月—2011年5月国际黄金价格趋势预测结果

单位：美元/盎司

时　间	预测值
2010年12月	1 387.93
2011年1月	1 389.54
2011年2月	1 388.30
2011年3月	1 398.76
2011年4月	1 406.67
2011年5月	1 416.24

由表6-11可以得出2011年上半年国际黄金价格将继续保持上涨态势。上述预测可以指导国家、企业及个人的投资决策，也为我国调整外汇储备结构、增加黄金储备提供了依据。

然而，需要注意的是，时间序列模型仅是依据变量自身时间序列的数据做出的预测，这就意味着此类模型有效的前提是其他影响因素变化不大，因此更适合借助此类模型做短期预测。相应地，利用模型向前预测的时期越长，预测的误差也越大，这是时间序列预测的典型特点。

数据算法在财务领域的应用

会计本质是一种算法。传统财务算法构建在会计恒等式和会计科目上，由于"资产＝负债＋所有者权益"，因此"有借必有贷，借贷必相等"。在企业复杂的经济业务中，以"会计准则为基础的会计政策体系＋会计账户＋会计报表"共同形成了体现企业价值的工具，在此基础上，会计科目进一步细分，同时增加客户、供应商、部门、员工等核算维度，这是传统的财务算法。

随着企业管理的快速发展，财务的算法得到了扩展。在图 6-17 中，在资金管理、税务管理、预算管理、成本管理、绩效管理等职能背后，不管是如何管理授信额度、如何预警税务风险，还是如何进行产品收入预算推演等，这些过程中都蕴含着许多算法。财务通过经营过程中采集的内外部数据，帮助企业制定经营的算法，支持经营管理"自动驾驶"[①]。

资金管理	税务管理	预算管理	成本管理	绩效管理	销售管理	采购管理	资产管理	风险管理	薪酬&激励管理
支付欺诈	税务分析	产品收入预算推演	目标成本指标体系建立	绩效考核指标体系建立	市场需求匹配度分析	供应商信用评级	资产设备维修预测	风险分析	薪酬调整辅助分析
授信/担保额度管理	纳税筹划	经营成本预算推演	最优库存模型建立	经营业绩分析	销量预测	采购风险预警	资产设备效能分析	风险评估	薪酬多维分析
短期现金流收支预测	税务风险预警	现金流量预算推演	成本分摊计算	绩效多维分析	客户信用评级				
短期现金流管理		损益和资产负债表预算推演	供应商价格评价		客户画像及精准营销				
投融资管理		预算多维分析	成本多维分析		销售多维分析				
资金风险预警									

图 6-17　数据算法在财务领域的应用

---

① 陈虎（中兴新云）. 财务数字新基建：财务的算力、算法和数据 [EB/OL].

不同算法依据自身的特性在不同场景、不同应用目标下发挥作用。在具体决策场景下，需要从应用目标出发，基于数据集和实际情况，选择契合度最高的算法。同样，在使用过程中，也需要充分考虑问题的实际情况，以算法为工具，服务于经营决策。下面列出两个典型场景，说明常见算法在财务领域的实际应用。

（1）场景一：应收账款信用风险管理

某综合通信信息解决方案提供商，为电信运营商、政企客户和消费者提供技术与产品解决方案。该企业面对客户所采取的销售收款模式是由客户预先支付 10% 的预付款，其余款项在订单完成和交付后按约定支付。由于项目周期较长，应收账款的回款周期通常也较长，占用资金量较大，所以存在较大的信用风险，财务部门需要对应收账款采取相应的管理手段，以降低信用风险。

信用风险是指交易对手不履行到期债务而造成经济损失的风险。为对信用风险进行有效管理，财务部门采取的主要措施是根据客户资信情况，管控对其授信的额度（给予客户的最大延期支付限额），对资信情况表现不佳的客户，降低授信额度，从而降低信用风险，改善应收账款回收情况。为此，财务部门选择应用分类算法构建客户违约（不履行到期债务）概率模型，并在此基础上建立授信额度计算模型，如表 6-12 所示。

表 6-12　授信额度计算模型

违约概率调整系数（T_1）	信用评级调整系数（T_2）	财务授信额度（X）	最终授信额度（L）
$T_1=1-P$	根据信用评级得到 T_2	根据财务评级得到 X	$L=T_1 \times T_2 \times X$（最高 1 亿元）

● **建立违约概率模型。**

构建违约概率模型是为了计算出不同客户的违约概率（P）以得到违约

概率调整系数（T_1），T_1是授信额度计算模型中调整财务授信额度的关键系数。首先，根据上述应用目标，财务部门最终选择运用 Logistic 回归算法来构建违约概率模型，并以企业历史客户数据为样本，其中70%为训练集，20%为测试集，剩余10%为验证集。其次，从区域经济环境、公司治理、财务风险三个维度出发，选择公司规模、运营实力、盈利能力、偿债能力、现金流、社会责任等方面作为影响客户违约概率的因素，形成模型训练的参数。最后，利用训练集初步构建起违约概率模型，通过测试集和验证集反复测验模型的有效性并进行调优，以构建出最终的违约概率模型。通过该模型，可计算得出 P，从而得到 T_1。

● **计算最终授信额度。**

除需得到 T_1 之外，财务部门还需要设计信用与财务评级体系，根据客户的资信情况进行信用评级、财务评级，从而得到信用评级调整系数（T_2）、财务授信额度（X），最终通过授信额度计算模型（$L=T_1 \times T_2 \times X$）得出不同客户的授信额度，实现对应收账款的信用风险进行有效管理，提升应收账款周转效率，改善经营现金流量。

（2）场景二：销售量与订货量预测

对于餐饮企业而言，需要重点关注门店每日新鲜食材的订货量，既要保证食材充足，又要避免食材剩余过多而造成浪费。某餐饮企业通常仅凭经验来决定每日的食材订货量，然而，由于经验不足，总是无法保证精准订货。实际上，每日食材的订货量应取决于每日各菜品的销售量，因此，科学预测每日销售量是精准配备食材、提高门店利润率的关键。

● **模型选择。**

基于以上背景，该企业希望可以根据旗下某门店各菜品的历史销售量，预测未来一周内的销售量。从历史数据来看，门店销售量受季节更替因素的影响，大致依照固定周期呈规则性变化。因此，该门店选择应用时间序列算法中的 ARIMA 模型（如图 6-18 所示），以构建销售量预测模型，并应用关联规则模型将一些非常规因素也纳入预测模型中。

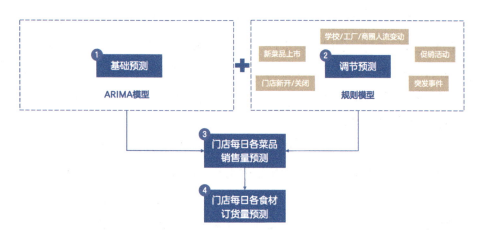

图6-18　销售量与订货量预测

● **基础预测**。

在正式构建模型之前，该门店采集了自开业以来各菜品的销售量历史数据，将这些非结构化数据转化成结构化数据，同时处理异常值与缺失值，设置变量属性。之后，应用 ARIMA 模型，调整目标参数，不断修正优化，构建出销售量的基础预测模型，基于历史数据推断出未来各菜品的销售量走势。

● **调节预测**。

由于一些非常规的因素也会对门店销售量产生影响，如新菜品上市、促销活动、周边同类门店变动、学校／工厂／商圈人流变动及停水停电等突发事件，因此，在基础预测模型之上，还需要考虑这些非常规因素，以提高模型预测的准确性与合理性。为此，门店通过搜集、分析非常规因素，利用关联规则模型调节预测量，对基础预测模型进行校正，进而获得最终的销售量预测模型。

● **自动预测，支持决策**。

根据最终的销售量预测模型预测出每日菜品销售量，并基于菜品销售量与所需食材的数量关系，可以获得门店每日所需的食材量，为门店订购食材提供重要参考。

销售量预测模型可以帮助餐饮企业科学预测各菜品销售量，进而精准、合理地预订食材，促进以销定产、产销结合，降低企业的综合运营成本。同时，科学的销售量预测模型也有助于减少食材短缺的情况，并确保向顾客提供以新鲜食材烹饪的菜肴，提高门店的服务质量和顾客满意度，进一步提升销售量与收益。

通过以上应用场景的简单介绍可以看出，依托商业环境下数据的持续增值，算法作为深度挖掘数据价值的工具，在财务工作中的应用场景逐渐丰富，正在改变财务传统的工作模式及企业运营决策的方式，进而实现对财务向数字化经营管理职能转变的有效支撑，以及企业向洞察驱动型转变的高效赋能。

< 延伸阅读 >

论人工智能与财务

本节重点介绍了几类常用算法以及算法在财务领域的具体应用场景，可以看出，DT 时代背景下，这些机器学习算法正在受到越来越多的企业重视，成为企业经营决策的重要支撑。事实上，以各种算法为主要内容的机器学习是人工智能中重要的分支及应用之一，人工智能及其所包含的其他技术也均呈现出迅猛的增长态势。据第三方分析机构——国际数据公司（IDC）预计，2019—2024 年我国人工智能市场规模的年复合增长率为30.4%。那么，人工智能到底是什么呢？

人工智能往往被认为是高级计算能力的代名词，其主要特征是机器能够自己思考。《人工智能标准化白皮书（2018 版）》认为，人工智能是利用数字计算机或者数字计算机控制的机器模拟、延伸和扩展人的智能，感知环境、获取知识并使用知识获得最佳结果的理论、方法、技术及应用系统。

除了机器学习，人工智能主要还包含哪些关键技术呢？

根据《人工智能标准化白皮书（2018 版）》，人工智能关键技术包括机器学习、知识图谱、自然语言处理、计算机视觉、人机交互、生物特征识别、虚拟现实 / 增强现实 ①。图 6-19 所示为人工智能关键技术。

图 6-19　人工智能关键技术

● **机器学习（Machine Learning）**：机器学习研究计算机怎样模拟或实现人类的学习行为，以获取新的知识或技能，重新组织已有的知识结构使之不断改善自身的性能，是人工智能技术的核心。机器学习按照学习方法可以分为传统机器学习和深度学习。其中，传统机器学习的算法有本节前面提到的 KNN 算法、Logistic 回归算法、决策树算法以及 K-means 算法等。深度学习则指层数超过三层的神经网络，如卷积神经网络。

● **知识图谱（Knowledge Graph）**：知识图谱是一种由节点和边组成的图数据结构，以符号形式描述物理世界中的概念及其相互关系，主要应用在反欺诈、不一致性验证、组团欺诈等公共安全保障领域和搜索引擎、可视化展示等商业领域。

● **自然语言处理（Natural Language Processing）**：自然语言处理是研究能实现人与计算机之间用自然语言进行有效通信的各种理论和方法，是人工智能领域中的一个重要方向，主要应用包括机器翻译、机器阅读理解和问答系统等。

---

① 中国电子技术标准化研究院 . 人工智能标准化白皮书（2018 版）[R].2018.

● **计算机视觉**（Computer Vision）：计算机视觉指的是计算机模拟人类的视觉过程，让计算机具有感受环境的能力和人类视觉功能的技术，是图像处理、人工智能和模式识别等技术的综合。自动驾驶、机器人、智能医疗等领域均需要应用计算机视觉技术从视觉信号中提取并处理信息。

● **人机交互**（Human-Computer Interaction）：人机交互主要研究人和计算机之间的信息交换，包括传统的基本交互和图形交互，以及语音交互、情感交互、体感交互、脑机交互等技术。

● **生物特征识别**（Biometric Recognition）：生物特征识别指通过个体生理特征或行为特征对个体身份进行识别认证的技术，目前被广泛应用于金融、公共安全、教育、交通等领域。

● **虚拟现实**（Virtual Reality）/**增强现实**（Augmented Reality）：虚拟现实／增强现实是在一定范围内生成与真实环境在视觉、听觉、触觉等方面高度近似的数字化环境的技术。

基于以上关键技术，人工智能会为财务领域提供哪些帮助呢？

事实上，人工智能中机器学习、知识图谱、计算机视觉、语音识别、自然语言处理技术的组合应用可以看作一个智能员工（如图6-20所示）。

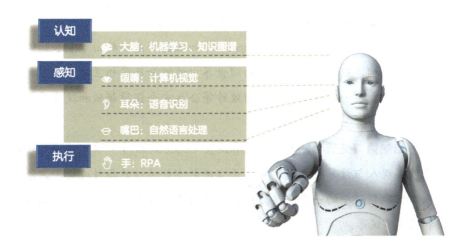

图6-20 智能员工

机器学习是智能员工的大脑，智能员工通过传统机器学习或者深度学习运用并执行算法来进行学习，从而形成对事物的认知。机器学习是人工智能在财务领域应用广泛且成熟度高的技术之一，智能核算与审核、现金流管理、风险预判与评估、交易模型推导等财务工作的很多场景均有涉及。

知识图谱同样位于智能员工的大脑，其本质是一个由知识点相互连接而成的语义网络知识库，帮助智能员工思考知识发展进程与结构关系。利用知识图谱技术，财务可以实现智能风控，扫描供应商、客户、司法、工商等各个方面存在的风险因素。比如利用知识图谱绘制供应商关联关系，进而在招投标阶段避免出现围标情况。

计算机视觉技术可以视为智能员工的眼睛，能够"看"到使用者的需求。基于卷积神经网络的深度学习算法，该技术被广泛应用在票据、凭证等财务数据载体的智能识别领域。比如，在业务人员报销时，只需在移动端对发票等原始单据进行多票混拍，即可实现票面切割、校正去噪及智能分类，完成多个票面信息的即时结构化输出，减少大量人工输入与核对任务。

语音识别技术可以视为智能员工的耳朵，能够"听"到使用者的需求。该技术通过语音交互使得信息录入更加高效，多用于智能填单过程，以语音输入代替手动输入，辅助业务人员快速填写单据。

自然语言处理技术则可以视为智能员工的嘴巴，能够与财务人员进行自然语言的交互，"说"出使用者的需求。该技术被广泛应用在合同的智能审核过程中，可以实现合同文本信息的结构化输出、合同内容差异的自动审核以及合同潜在舞弊行为的智能防范。

除此之外，值得一提的是智能员工的手——RPA，与人工智能技术相结合，能够实现财务业务流程节点的自动化改造，保证财务处理精度，提升财务服务能力。RPA 正在被越来越多地应用到企业财务流程之中，进而大幅提升了财务流程的自动化水平，提高了财务工作效率，保证了工作质量，节约了人工成本，推动财务部门实现价值增值[①]。

随着人工智能的不断发展，财务工作中重复性高、规范性强、附加值低的基础操作将会逐渐由人工智能或者机器人接手，从而减少财务人员的工作量，让财务人员从事更有价值的工作。实际上，人工智能的应用只是变革了处理工具，并没有改变财务工作的制度和原则。财务工作更多地发挥管理、决策支持职能依赖的是对工作制度和原则的思考、学习，并需要将其总结提炼为知识以加强应用。人类作为具有主观能动性的主体，有着机器无可比拟的理解力、学习力和创造力，因此这类工作依然会遵循其原有的基本逻辑、核心环节及处理流程。同时，财务的转型升级还需要依赖财务专家多层次、多维度的思考能力，这是人工智能不论如何发展都无法实现的。

---

① 陈虎，孙彦丛，赵旖旎，等．财务机器人：RPA 的财务应用 [M]．北京：中国财政经济出版社，2019.

了解常用工具

数据分析的建模计算十分复杂，仅仅依靠人工无法顺利完成。数据分析人员应当基于当前问题考虑使用何种算法模型，继而采用合适的工具得到结果，根据结果进行分析，最后得出结论。图 6-21 中展示了一些目前使用较为广泛的数据分析工具，包括 Excel、SQL、SPSS、SAS、Python、R 等（图中字体越大表明该数据工具使用越广泛）。

图 6-21　数据分析工具

Excel

Excel 简单、易上手，是企业日常使用频繁、重要的数据分析工具，常被归类为办公软件。由于 Excel 具有从创建表单到分析数据，最后到可

视化等一系列功能，因此，对于大多数企业的数据分析需求来说，Excel
可以轻松地解决数据处理、统计分析和辅助决策方面的问题。

当然，Excel 能被如此广泛地使用，不仅是由于它能够满足绝大部分
数据分析工作需求，而且它给用户提供了简单易懂的操作界面（如图 6-22
所示），使用者只需要具备基本的统计学理论知识就可以进行操作。财务
人员往往倾向于选择易用、熟悉的分析工具，因此，Excel 是财务人员进
行数据分析时的首要选择。

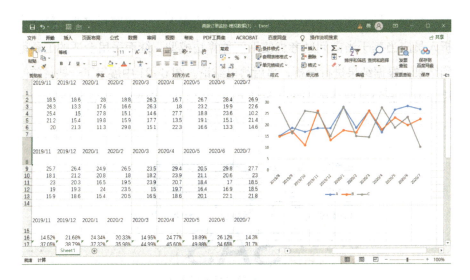

图 6-22　Excel 操作界面

要使用 Excel 进行数据分析，首先需要开启数据分析和规划求解两个
功能。通过单击"文件"功能栏里面的"选项"，转到如图 6-23 所示界
面，开启数据分析和规划求解两个功能。

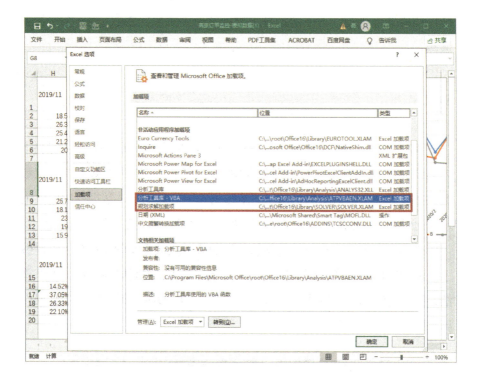

图 6-23   开启数据分析和规划求解

开启之后，就可以在如图 6-24 所示界面使用数据分析和规划求解功能。

图 6-24   使用功能界面

Excel 作为数据分析工具，适合处理 t 检验、方差分析、指数平滑、相关分析、回归分析等相对较为简单的统计分析。当然，Excel 也有一些缺点，比如不能非常有效地处理大型的数据集。但由于强大的分析功能以及

使用门槛低等优点，对于数据分析领域的新手来说，Excel 是一个不错的
选择。

SQL

SQL（Structured Query Language，结构化查询语言）可以解决上
述遇到的所有问题。SQL 面向数据库执行查询，支持从数据库中获取数
据、在数据库中插入新的记录、更新数据库中的数据、从数据库中删除记
录、创建新的数据库，甚至可以设置表、存储过程和视图的权限。

在 SQL Server 2008（由微软开发的关系型数据库管理系统）中提供
了决策树算法、聚类分析算法、朴素贝叶斯算法、关联规则算法、时序算
法、神经网络算法、线性回归算法等多种常用的数据分析算法。SQL 操作
界面如图 6-25 所示。

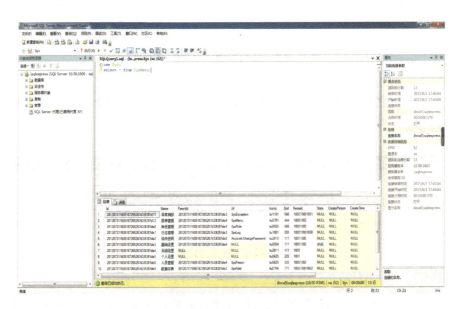

图 6-25　SQL 操作界面

SQL 的功能强大且语言十分简洁，其核心功能概括起来就是"增删改

查"。并且，SQL 的语言接近英语口语，所以用户很容易学习和使用。

SPSS

SPSS（Statistical Product and Service Solutions，统计产品与服务解决方案）是世界上最早采用图形菜单驱动界面的统计软件，它突出的特点就是操作界面简单，输出结果美观。

SPSS 具有完整的数据输入、编辑、统计分析、报表、图形制作等功能，能够进行包含回归分析、Logistic 回归分析、生存分析、方差分析、因子分析、多变量分析等在内的大多数统计分析，其优势主要在于方差分析和多变量分析。

SPSS 实际上是一个"傻瓜式"的操作软件。用户只要掌握一定的 Windows 操作技能，输入数据后，单击对应模块，软件就会自动给出分析结果，不需要用户写代码或者程序。SPSS 采用类似 Excel 表格的输入方式与数据管理，数据接口通用，能方便地从其他数据库中读入数据。SPSS 操作界面如图 6-26 所示。

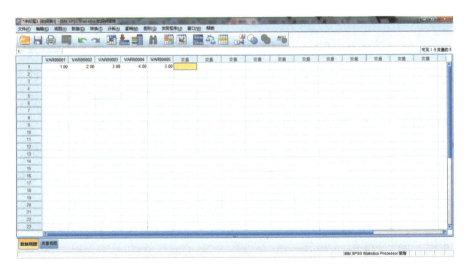

图 6-26　SPSS 操作界面

但是，如果想要解读软件执行出来的分析结果（如图 6-27 所示），则需要数据分析人员精通统计分析原理，否则分析人员无法得知每一个系数所代表的含义。

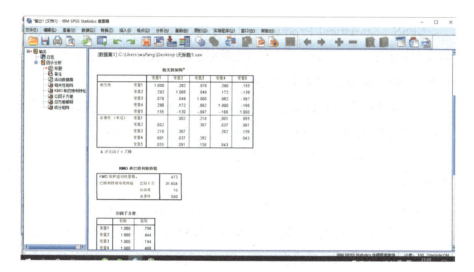

图 6-27　SPSS 结果输出界面

SAS

SAS（Statistical Analysis System，统计分析系统）由美国北卡罗来纳州立大学于 1966 年开发，被誉为数据统计分析的标准软件。SAS 的功能十分强大，集数据访问、数据储存及管理、应用开发、图形处理、数据分析、报告编制、运筹学方法、计量经济学与预测等数十个专用模块为一体。

与 SPSS 一样，SAS 也能够进行大多数统计分析，如回归分析、Logistic 回归、生存分析、方差分析、因子分析、混合模型分析、多变量分析等。SAS 的优势在于方差分析、混合模型分析和多变量分析，而它的劣势主要是难以完成有序、多元 Logistic 回归及稳健回归。SAS 的操作界面如图 6-28 所示。

SAS 能够通过跟进最新的算法持续更新和完善自身功能，在数据分析领域具有一定的权威性。SAS 由于功能强大而且可以编程，很受高级用户的欢迎，但也是难掌握的软件之一，多用于大型企业。

图 6-28   SAS 操作界面

Python

Python 是一种面向对象、解释型计算机程序设计语言。虽然使用 Python 进行数据分析需要一定的编程基础，但是 Python 语法简洁而清晰，因此比其他的编程语言易学。

与 Excel 相比，Python 能够处理更大的数据集，更容易实施自动化分析、构建复杂的机器学习模型。与 SPSS 相比，SPSS 是统计软件，仅适用于分析科研领域的实验数据，不适用于分析偏向实际应用场景的数据；Python 可以处理复杂的实际应用场景的数据逻辑。

Python 是一个生态完善且开源软件包丰富的高级动态编程语言，可以处理数据分析中的各种问题，并且在网络爬虫、Web 站点开发、游戏开发、自动化运维等众多领域被广泛应用。因此，企业可以实现使用一种语言完成全部服务，从而显著提升企业效率的目的。

然而，Python 的开源会导致很难判定算法是否正确和权威，只能由使用者自己把握数据分析结果的可信程度，这对其专业能力提出了更高的要求。

R

R 是一门用于统计计算和作图的语言，它不仅是一门语言，而且提供了数据计算与分析的环境。其主要的特点是免费、开源、模块齐全。在 R 的综合档案网络（CRAN）中，有大量的第三方功能包，涵盖了从统计计算到机器学习，从金融分析到生物信息，从社会网络分析到自然语言处理，从各种数据库自然语言接口到高性能计算模型。这也是 R 获得越来越多从业人员喜爱的重要原因。

与 Python 相比，R 在数据可视化方面十分优秀，它的画图能力特别强，几乎可以绘制出所有类型的图。然而，由于开源的特点，它也面临算法的正确和权威很难判定的问题，数据分析结果的可信程度不好把握，对于使用者的统计学理论知识要求较高。

算子平台

由上述介绍不难发现，虽然像 SAS、Python、R 这类传统的数据分析工具功能强大，但具有一定的技术门槛，往往需要使用者具备一定的编程能力。因此，在现实企业环境中，深入业务层的编程新手难以快速熟练掌握数据分析工具，数据分析人员对业务又缺乏足够了解，从而导致数据分析滞后于指导决策。随着企业对数据分析需求的不断增加，以算子平台为代表的面向各层面数据分析人员的人工智能大数据平台应运而生。借助算子平台，财务人员即便不懂编程，也能得心应手地展开数据分析。

　　算子平台将独立的数据处理逻辑和建模计算能力抽象为一个个算子。简单来说，算法中的一个函数、几行可以重复使用的代码、一个数学中的平方操作都可以认为是算子，算子即进行某种操作。

　　算子平台通过对算子的自由拖曳、编排和可视化配置，构建算子流，满足数据清洗、计算、分析、建模等需求。图 6-29 展示了在中兴新云财务算子平台配置算子流的可视化操作界面。算子平台对机器学习算法组件进行了封装，故使用者在进行数据分析时，无须编写代码，只需要像图中那样将相应的算子拖曳至画布，进行连接，即可实现快速搭建模型，且数据取用全链路，数据加工计算规则可视、可配置、可理解。算子平台这种自由拖曳式的可视化操作大大简化了大数据工具的使用流程，降低了数据加工、智能算法应用、可视化展示的技术门槛。

图 6-29　中兴新云财务算子平台操作界面

　　图 6-30 展示了中兴新云财务算子平台的算子示例，通过简单便捷的拖曳方式，算子平台可同时支持数理统计、机器学习、知识图谱、可视化分析等功能，帮助使用者挖掘数据深层规则与关联关系，并利用模型进行业务预测，实现对企业管理决策的指导。

图6-30 中兴新云财务算子平台算子示例

　　算子平台作为一种企业级的数据分析工具，集数据接入、数据处理、数据分析、数据可视化、数据应用、数据资产沉淀与共享于一体，助力企业深度挖掘数据价值，实现"从数据到模型，从模型到场景化应用"的全流程数据资产管理闭环，助力企业数字化转型。

本章小结

　　数据探索与数据算法作为数据价值链中的重要两环，完成了数据从清洗"干净"到最终呈现的有效转换，能够助力数据价值的深度挖掘与体现。本章围绕数据探索与数据算法，分别对数据探索过程中的数据特征描述、统计基础应用，以及数据深入分析时的常用算法与工具展开了具体的介绍。其中，基于统计学原理，利用描述统计分析、推断统计分析以及相关性分析即可把握数据特征与分布，初步探索数据，在需要时也可为数据算法的具体选择做出预判。数据算法种类繁多，诸如回归算法、分类算法、聚类算法、关联规则算法、时间序列算法等都是常见的数据算法，而针对财务应用场景进行选择时应以契合程度为基准。同样地，选择合适的数据分析工具，能帮助财务人员在数据分析时事半功倍。

7

数据可视化

19世纪，英国护士弗洛伦斯·南丁格尔（Florence Nightingale）绘制了玫瑰图（如图7-1所示），以统计克里米亚战争中东部军队士兵死亡的数量和原因，原图是色彩缤纷的，这样能使数据更加让人印象深刻，促使英国国会开始重视公共卫生基础设施的建设。

南丁格尔绘制的玫瑰图最早展示了数据可视化的本质，即利用人类的视觉能力，通过图像或图形的设计，直观展现枯燥或复杂事物。数据可视化不是简单的图文展示，而是通过媒介说明一个故事、表达一项观点、形成一种判断，进而更明确且直接地传达数据本身及其背后的信息与价值，从而对观看者的决策产生一定程度的影响。

想要做好可视化展示，除了数据本身以外，基本图表、展现逻辑、实现工具同样至关重要。

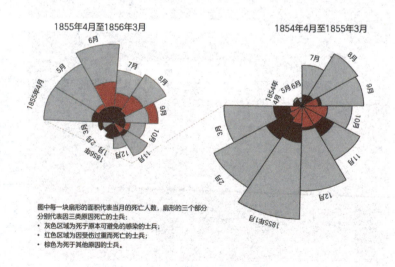

图中每一块扇形的面积代表当月的死亡人数，扇形的三个部分
分别代表因三类原因死亡的士兵：
· 灰色区域为死于原本可避免的感染的士兵；
· 红色区域为因受伤过重而死亡的士兵；
· 棕色为死于其他原因的士兵。

图 7-1　南丁格尔玫瑰图

数据可视化的基本图表

统计图表是数据可视化展现形式之一，目前作为基本的可视化元素被广泛使用。常见的可视化图表通常分为以下 12 种（如图 7-2 所示）：柱形图、条形图、折线图、面积图、饼图、散点图、气泡图、漏斗图、仪表盘、雷达图、词云图、热力图。

在具体介绍可视化图表之前，首先纠正一个误知，有人认为基本图表过于简单，不够高端大气。然而，在某种意义上，化繁为简，以简明扼要的方式快速地展示数据，使受众易于理解，这才是数据可视化的目的。

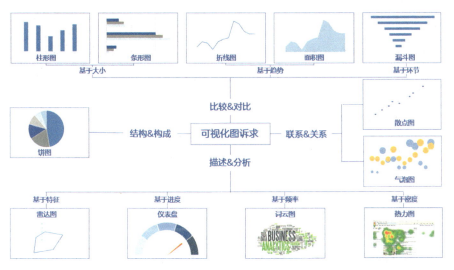

图 7-2　常见的可视化图表

柱形图（Column Chart）

柱形图是用垂直的柱子显示类别之间数值比较的图形，柱形图其中的一个轴（一般为横轴）表示需要对比的分类，另一个轴（一般为纵轴）表示相应分类下的数值表现。柱形图能够利用柱子的高度反映数据的差异，由于人的肉眼对高度差异很敏感，因此柱形图的辨识效果非常好。

新冠肺炎疫情期间，世界卫生组织持续发布全球各地区疫情数据。图7-3展示了截至2020年8月17日的数据，根据右侧的柱形图不仅可以清晰看出每个地区随时间变化的确诊病例数量变化情况，还可以大致了解全球各区域的疫情现状。

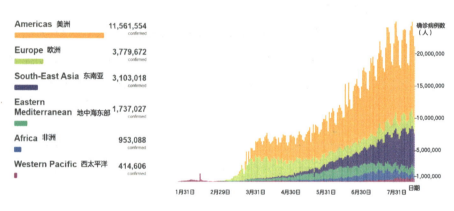

来源：世界卫生组织
注：当前天或星期数据可能不完整

图7-3　全球各地区新冠肺炎确诊病例数与每日确诊病例总数 [①]

条形图（Bar Chart）

条形图是用宽度相同的条形的长短来表示数据多少的图形。条形图和柱形图属于一类图，本质区别较小，但是在应用上有一定的差异。当维度分类较多，并且维度字段名称较长时，应选择条形图，因为条形图能够横向布

[①]　图片来源于央视新闻网。

局，便于展示较长的维度项名称。图 7-3 左侧的图为条形图，若选择柱形图
展示，则不便于读者方便快捷地获取维度项（如各区域名称）的信息。

图 7-4 为 A 公司与其主要供应商的交易量条形图。条形图不仅可以展
示 A 公司采购量的分布情况，并且有助于公司分析与往年相比各供应商交
易量的环比增长速度，从而更好地维护供应商关系。

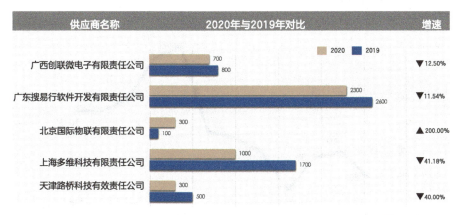

图 7-4   A 公司主要供应商 2019—2020 年交易量条形图 [①]

折线图（Line Chart）

与条形图相比，折线图不仅可以表示数量，还可以直观地反映随时间
序列变化的相同事物的趋势。

折线图适用于分析连续、大量的数据，尤其适用于趋势分析比单个数
据点更重要的场景。折线图主要用于展示某个时间段内事物发展变化的趋
势和规律，从而进行系列趋势的对比。折线图可以清晰地展现事物增减的
趋势、增减的速率、增减的规律、峰值等特征。

B 应用程序的运营人员在对 2020 年的活跃用户量进行分析时，用折线
图表示 1 月—12 月的活跃用户量（如图 7-5 所示），因此能够直观清晰地

[①]   图中公司名称及数据均为虚拟。

看到图中出现了 1 个正 "V" 字和倒 "V" 字，从而可以有针对性地对异常波动进行分析。4 月活跃用户量呈断崖式下降趋势，可能是由于市场上出现了其他优质免费的应用程序，而 8 月活跃用户量的暴涨是由于最新研发的产品吸引了大批用户。因此，通过分析特殊的情况，可以更好地达成优化应用程序运营的目标。

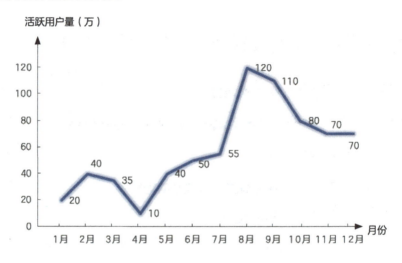

图 7-5　B 应用程序 1 月—12 月活跃用户量折线图

折线图可以直观表现事物的发展变化规律，让读者一眼洞察数据的变化情况及趋势。如果将图 7-5 转换成表格（见表 7-1），读者则难以直观快速地获得 B 应用程序 1 月—12 月活跃用户量的变化情况。

表 7-1　B 应用程序 1 月—12 月活跃用户量

月份	活跃用户量（万）	月份	活跃用户量（万）
1 月	20	7 月	55
2 月	40	8 月	120
3 月	35	9 月	110
4 月	10	10 月	80
5 月	40	11 月	70
6 月	50	12 月	70

面积图（Area Chart）

　　面积图是一种随时间变化而改变范围的图表，主要强调数量与时间的关系。面积图实际上是折线图的另一种表现形式，它利用折线与坐标轴围成的图形来表现数据随时间推移的变化趋势，可以很好地引起读者对总值趋势的注意。折线图虽然也能很清晰地反映出两个变量的变化趋势，但对于想强调的差距变化的部分，欠缺可视化的突出表现，面积图则很好地弥补了折线图这一缺陷。图 7-6 不仅清晰地表示人口（城镇人口、乡村人口以及总人口）的数量随时间变化的趋势，而且突出了不同类别之间差距的变化情况，从而使读者更好地把握整体趋势。

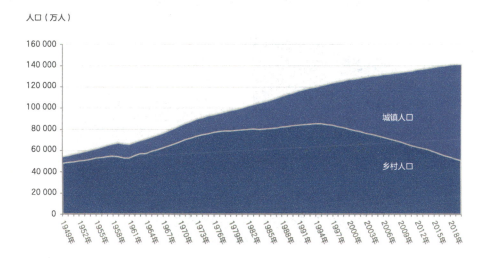

图 7-6　中国城镇人口与乡村人口变化趋势 [①]

饼图（Pie Chart）

　　饼图是基本的面积图形，它把一个圆圈划分成不同比例的分段，利用面积占比来表示事物内部的结构关系，即各个类别占整体的比例。

_____
① 数据来源于国家统计局。

饼图适用于快速展示一个维度里各项指标占总体的比重，能够直观地显示各项目和总体之间的关系，强调整体与个体间的比较。然而，如果各部分数值之间的差距不大，肉眼则很难辨别（如 30% 和 32%），通常需要图例说明。此外，饼图不适合展现较大的数据集、较多分类。分类越多，则扇形越小，无法清晰地展现事物内部结构的关系。

饼图的应用场景多为展示各类别占整体的比重。比如，每一家企业都包含各种资源（人、财、物、信息等），将企业的资源配置结构通过饼图展示后，使用者能够更加清楚地了解这家企业的资源分配情况。图 7-7 是 C 企业 2020 年不同部门人力支出占比饼图，可以发现该企业在生产环节投入的人力支出最大，而在财务、采购、研发方面的人力支出投入比例很低，即可得出这样的结论：C 企业很可能为生产型、制造型企业。

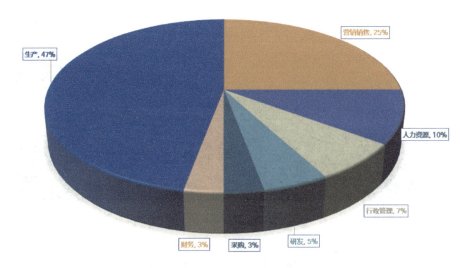

图 7-7　C 企业 2020 年不同部门人力支出占比饼图

散点图（Scatter Plot）

散点图也称为"点图""散布图""X-Y 点图"，用来显示两个变量的数值（每个轴上显示一个变量）、数据点在直角坐标平面上的分布情况，展示或探索变量之间的变化关系（是否存在相关性等），也可以表示因变量随着自变量变化的情况。

　　使用者在做拟合、回归时通常会先做散点图，从而初步确定拟合函数。图中可以加入直线或曲线，并显示所有数据点凝聚成单行时的情形，这样的辅助分析线通常被称为"最佳拟合线"。通过观察散点图上数据点的分布情况，可以推断出变量之间的相关性。如果变量之间不存在相互关系，那么在散点图上就会表现为随机分布的离散的点。如果变量之间存在某种相关性，那么大部分的数据点就会分布得相对密集并呈现某种趋势。

　　有研究发现年代与姓名长度有关系。通过用散点图（如图 7-8 所示）将平均姓名长度与年份之间的关系进行可视化呈现，可以发现两个变量存在一定的关系，特别是在某一个时间段内还存在较为显著的正向线性关系。

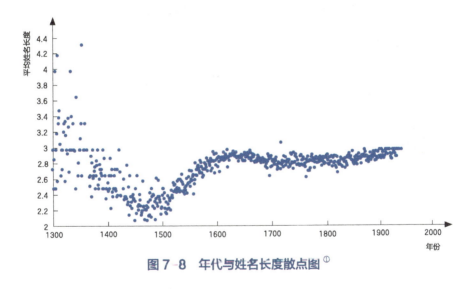

图 7-8　年代与姓名长度散点图 [①]

　　散点图适合展示较大的数据集。通过散点图，使用者可以迅速得知变量之间是否存在着数量关联趋势，以及如果存在关联趋势，这种趋势是线性趋势还是曲线趋势。此外，如果有某一个点或者某几个点偏离大多数点，即存在离群值，那么通过散点图可以一目了然地观测到这种情况。

① 数据来源于北京大学中国古代史研究中心的中国历代人物传记资料库。

气泡图（Bubble Chart）

气泡图是散点图的拓展，在散点图的基础上增加第三个变量，即气泡的尺寸，能够反映第三维变量。每个气泡代表不同的事物主体，各个主体在三个维度上的差异影响气泡的位置和大小。如果为气泡加上不同颜色（或文字标签），气泡图就可以用来表达四维数据。

图 7-9 是 2019 年部分国家人口数量气泡图。X 轴表示人均国内生产总值，Y 轴表示预期寿命，不同颜色的气泡代表不同的国家，气泡的面积表示 2019 年该国人口总数占世界人口总数的比重，比重越大则气泡越大，比重越小则气泡越小。通过气泡图，不仅可以大致了解世界人口的分布现状，而且能够清晰地看到人们的收入水平越高，预期寿命越长。

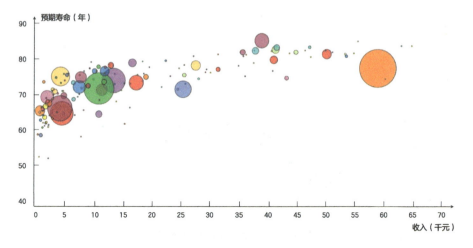

图 7-9　2019 年部分国家人口数量气泡图 [①]

气泡图不仅有圆形图样式，还有扁平图样式、高光样式，另外颜色也较为多样。气泡图形象生动，有立体感，能够起强调数据的作用。然而，由于读者不善于判断气泡图的面积大小，气泡图难以一目了然地展示数据，

---

① 数据来源于 Gapminder（一个独立的教育非营利组织）。

因此气泡图仅适用于不要求精确辨识第三维数据的场景。

漏斗图（Funnel Plot）

漏斗图由多个长条形从上而下叠加形成，长条形之间存在逻辑上的顺序关系，长条形面积表示某一环节与上一个环节之间业务量的差异。漏斗图常常开始于一个 100% 的数量，结束于一个较小的数量，在开始和结束之间由 N 个流程组成。漏斗图能够清晰地展示每一阶段的占比情况，有助于分析转化率、到达率。通过漏斗各环节业务数据的比较，使用者能够直观地发现问题所在的环节，从而做出科学决策。

对于电子商户来说，平台的流量十分重要，迅速确定需要优化的流程环节从而提升用户下单转化率也格外重要。通过漏斗图将每一流程的用户数表示出来并计算各流程的用户转化率，从上至下两个标准流程之间转化率的差值即为用户流失率，通过计算每一标准流程中的用户流失率，可以清晰地定位用户流失率较高的环节，进而通过改善流失率较高的异常环节显著提升用户下单转化率。图 7-10 展示了用户从注册成为 F 电商网站会员到交易完成的数据，漏斗图提供的可视化信息，可帮助电商运营人员改善设计，提高网站的最终转化率。

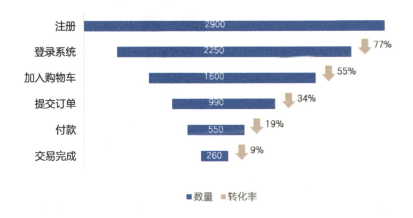

图 7-10　F 电商网站用户转化率漏斗图

漏斗图常用于业务流程比较规范、周期长、环节多的单流程单向分析，主要用于展示产品或者业务流程的过程，以便诊断业务流程中的问题环节。常见的漏斗图应用场景为网站分析、电商运营分析、用户行为分析、产品运营分析、业务场景诊断等。

〈 案例卡片 〉

R 咖啡品牌的转化率漏斗图

R 咖啡品牌的用户转化过程分为多个流程和步骤（见图 7-11）。

第一层转化率：用户在下载 R 咖啡 App 之后是否打开 App。

第二层转化率：打开 App 之后，用户是否成功地注册会员。

第三层转化率：注册为 R 咖啡会员后，用户是否访问菜单。

第四层转化率：用户在访问菜单之后，是否将商品添加到购物车里。

第五层转化率：用户把商品添加到购物车之后，是否进行支付。

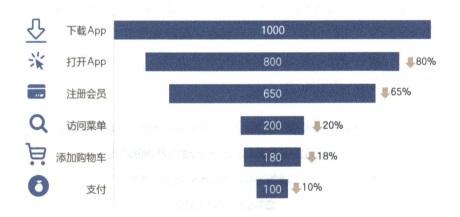

图 7-11　R 咖啡的购买转化率漏斗图

因此，R 咖啡的运营部门可以根据用户从打开 App 到产生购买行为的漏斗图拆解转化率，从而进行具体且有针对性的分析，并采取相关措施。由图 7-11 可知，从注册会员到访问菜单的用户流失率最为严重（注册会员转化率为 65%，访问菜单转化率下降为 20%，在这个环节有 45% 的客户离开），因此运营人员可以根据这一情况进行有针对性的用户运营，通过对流失用户的特征分析和数据分析，提高访问菜单的用户数。

仪表盘（Dashboard）

仪表盘类似钟表，有刻度和指针。其中，刻度表示度量，指针表示维度，指针角度表示数值，指针指向当前数值。

仪表盘主要用于展现进度或占比，可以用仪表盘对单个指标数值的进度进行分析。仪表盘只能展示一个维度，指标也不宜过多，因此能够展示的信息有限。

通过使用仪表盘可以直观地表现出某个指标的进度或实际情况。例如，微信小程序目前的开发进度为 68.66%，则可以用图 7-12 的仪表盘展示进度，便于使用者实时了解项目进度，更好地进行项目开发的计划与安排。

图 7-12　微信小程序开发进度仪表盘

雷达图（Radar Map）

雷达图又称为"蜘蛛图""极地图""星图"，用来比较多个变量，可用于查看哪些变量具有相似数值，或者哪个变量中存在异常值。每个变量都具有自己的轴（从中心开始），所有的轴都径向排列，彼此之间的距离相等，所有轴都有相同的刻度，轴与轴之间的网格线通常只用于指引。每个变量数值处于其所属的轴线上，数据集内的所有变量连在一起则形成一个多边形。

雷达图有助于同时展示多个指标，从而判断同一对象指标间的强弱情况，或进行不同对象相同指标间的对比，其是显示性能表现的理想之选，具有完整、清晰和直观的优点。雷达图适用于多维数据集（四维以上），如人、货、场、财等多项指标。然而，雷达图记录条数不宜太多，否则不易辨别。雷达图已在各类商业活动中得到广泛应用，如竞争对手综合实力分析对比、新品与竞品分析、领导者个人能力分析等。图 7-13 为 H 企业 2018 年—2020 年财务分析雷达图，可以直观看出 H 企业安全性指标水平较低，资产负债率持续增长，流动性指标逐年提高，存货变现速度加快，成长性指标基本保持良好，具有较强的生存和发展能力。因此，雷达图不仅可以从横向上评价企业经营状况，还可以从纵向上评估其发展趋势，有助于企业调整战略方向。

雷达图不仅在商业活动中被广泛应用，而且在日常生活中也十分常见。图 7-14 为某球队攻防实力雷达图，通过雷达图展示球队各项指标值可以快速定位球队的强项及短板，一方面帮助球队有针对性地对较弱的属性进行提升，从而快速提升综合实力，另一方面可以抓住优势属性去赢得球场主动权。

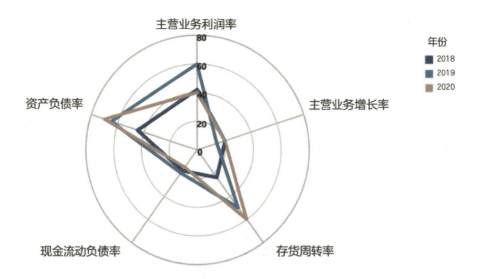

图 7-13　H 企业 2018 年—2020 年财务分析雷达图

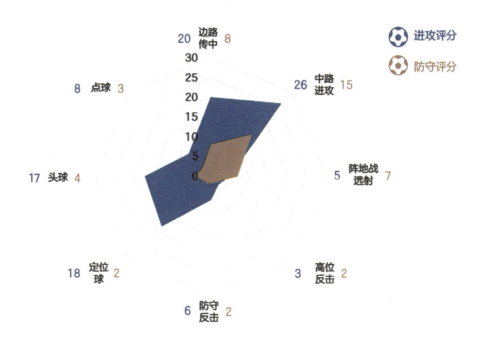

图 7-14　某球队攻防实力雷达图

词云图（Word Cloud Map）

　　词云又称"文字云""标签云""关键词云"，是文本数据的一种可视化展现方式。词云图就是利用语言分析技术，对大数据文本进行词频分析，将文本中出现频率较高的关键词予以视觉化的展现。图 7-15 展示了抓取某公司知识库的搜索关键词情况。可以看到"财务数字化"一词作为近年来公司关注的重点，被搜索的频率最高。

图 7-15　某公司知识库搜索词云图

　　词云图用于显示大量文本数据，能够过滤掉大量低频、低质的文本信息，可以帮助浏览者快速感知最突出的文本，使得浏览者只要一眼扫过就可知道文本的主旨。因此，使用词云图在一定程度上能节省时间，让浏览者在短时间内对文本数据的主要信息做到一目了然。此外，词云图比传统图表更具有吸引力，视觉冲击力更强，一定程度上迎合了人们快节奏阅读的习惯。然而，词云图需要大量数据，否则呈现效果不明显。

热力图（Heat Map）

　　热力图有助于体现数据的密度、分布以及变化的情况，通过选择不同的颜色来对应不同的数据区间；将数据量大小转化成颜色差异，表达了业务场景下的数据差异，帮助用户了解真实的数据量分布情况和规律，为用户决策提供数据依据。以网页为例，热力图通常以特殊高亮的形式显示访客热衷的页面区域和访客来源平台。图 7-16 是某网站访问阶段热力图，将对页面进行的操作以高亮的可视化形式表现，使用颜色的深浅呈现出用户热衷的页面区域，从而对网站用户行为进行分析。

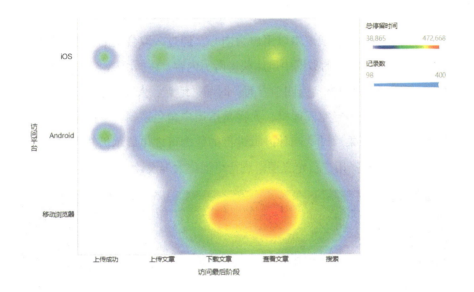

图 7-16 某网站访问阶段热力图

网站热力图通过使用红色、蓝色将网页上热门区域和冷门区域进行可视化展现，通常最热门的区域用红色展示。通过用户行为汇总，热力图有助于网站运营人员进行数据分析，并清晰呈现高频率访问的页面以及高耗时页面情况，从而便于根据这些数据采取一些有效的优化策略。

近年来，热力图凭借更清晰的展示形式、更吸引人的方式、更独特的视觉效果深受使用者青睐。然而，热力图也同样需要有大量的数据才能够有更好的呈现效果。

数据可视化的展现逻辑

数据可视化的展现逻辑以用户为中心，通过采取合适的展现逻辑使不同的用户能够在海量的数据中迅速获得所需内容。数据可视化展现逻辑（如图 7-17 所示）可以概括为四个方面：时间、地点、人物和事件。时间是指时间逻辑，地点是指空间逻辑，人物是指用户角色逻辑，事件是指业务分析流程逻辑。如果通过这四种逻辑进行的数据可视化展示仍然无法满足用户需求，还可选择用户自定义逻辑进行可视化大屏设计。

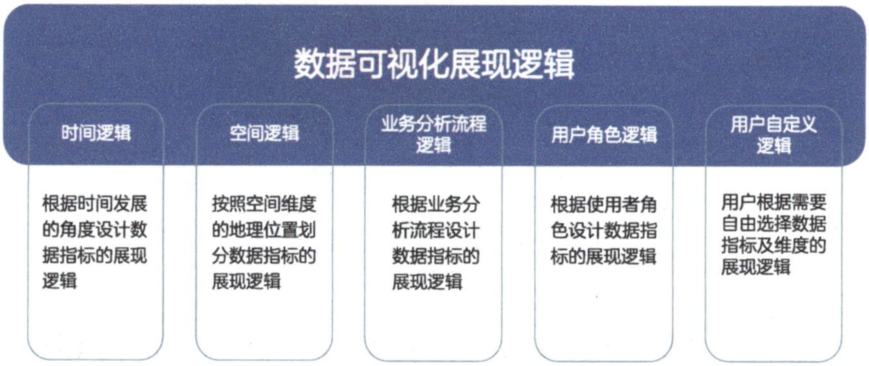

数据可视化展现逻辑

时间逻辑	空间逻辑	业务分析流程逻辑	用户角色逻辑	用户自定义逻辑
根据时间发展的角度设计数据指标的展现逻辑	按照空间维度的地理位置划分数据指标的展现逻辑	根据业务分析流程设计数据指标的展现逻辑	根据使用者角色设计数据指标的展现逻辑	用户根据需要自由选择数据指标及维度的展现逻辑

图 7-17 数据可视化展现逻辑

时间逻辑

时间逻辑是指根据时间发展的角度设计数据指标的展现逻辑[①]。按照时

---

① 艾达. 数据产品设计 [M]. 北京：电子工业出版社,2017.

间维度，数据可以分为实时数据和历史数据。实时数据时间粒度比较细，通常为秒级或者分钟级，是随着时间不断更新的一类数据，通过对实时数据进行监控可以了解事物当前状态信息，预警异常现象，降低损失或风险。历史数据时间粒度较粗，通常为日、周、月、季度或者年等级，更新速度慢且时效性较差，通过某段时间的历史数据指标可以评估过去这段时间内的总体特征和局部问题，也可以了解当前进度与计划偏离程度，以及预测未来可能的行为或路径等。

在实际企业应用中，以某大型多元化企业为例，随着财务共享服务中心的建设与运营，该企业希望能通过数据可视化形式监控财务共享服务中心的运营绩效，以评估财务共享服务中心的运作效率。该企业在充分了解市场情况后，选择与中兴新云合作设计和运行一系列数据可视化大屏。图 7-18 为中兴新云为该企业设计的付款和凭证监控大屏。由于该企业需要对支付数据和凭证数据进行实时监控，因此采用可视化大屏展示实时数据。具体包括：

● 及时反映财务共享服务中心累计已支付笔数、支付总金额以及预计待支付金额，为资金存量管理和调度提供数据支持；

● 迅速识别疑似重复支付、异常大额支付、支付失败等付款异常数据；

● 跟踪凭证生成和导入情况，实时反映凭证同步状态，监控异常状况。

图 7-18 时间逻辑大屏设计

空间逻辑

随着国民经济发展及消费水平不断提升，企业业务发展速度加快，市场范围不断扩张，很多企业开始在不同的地区建立分子公司，或在不同地区设立分店、建立连锁品牌，但不同地区之间存在业务类型差异、文化差异、时间差异、发展水平差异等，管理人员无法对各地区业务结果进行简单的比较或者汇总，也不可以制定"一刀切式"管理策略，需要针对不同地区分别进行分析，并制定相应管理策略。因此，在进行数据可视化展示时往往还需要考虑空间逻辑，对业务结果指标按照空间维度上的地理位置划分，分区域进行展示和分析。

以大型连锁零售企业为例，其门店常分布于多个地区，在进行可视化展示时，需要考虑空间逻辑进行设计，从而得到各地区以及相应地区门店的业务动态。例如，在制定销售战略规划时，企业管理者需要集团及各地区的销售运营信息，图 7-19 为根据空间逻辑设计的数据可视化展示图，管理者仅需将指针放置在标识地区上即可了解该地区的营收总额及门店数量，

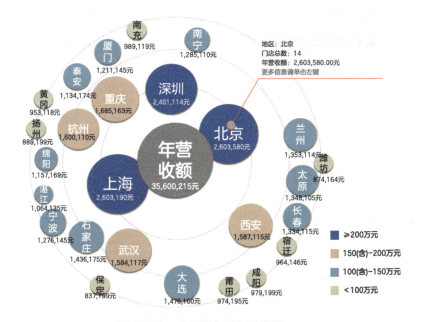

图 7-19 空间逻辑可视化展示

并且可筛选出年营收额较高及较低的门店，通过单击地区标识点还可以得到相应地区的热门销售品类、营收额同比增长、环比增长以及该地区各门店详细销售运营信息，辅助管理者为该地区制定个性化销售战略规划。

用户角色逻辑

即使在同一家企业同一个部门，数据可视化展示的内容和方式也不尽相同。一方面，由于员工所处的层级不同，处于不同层级的员工在企业管理循环中发挥的作用和关注的重点大有不同。比如同样是在营销部门（如图 7-20 所示），销售总监更关注全国市场的总销售情况，以更好地制定企业的营销战略和总体规划；而区域销售经理则主要关注所负责区域的销售情况，从而制定合适的营销策略提升区域销售业绩；销售专员关注所负责产品在其所在区域的实际销售情况与目标值之间的关系，按照要求执行营销策略。另一方面，出于数据信息安全考虑，企业不同层级、不同岗位的信息权限不同。用户角色逻辑指的是基于数据使用者的岗位需求及岗位权限进行有区别的数据可视化展现设计的逻辑。

相关角色	销售总监	区域销售经理	销售专员
相关活动	制定营销战略	制定营销策略	执行营销策略
可视化展示内容	市场总体规模 目标市场分析 投入产出分析 业务、用户、地区交叉分析	本区域用户价值分析 本区域竞争对手分析 营销活动与本区域客户交叉分析	营销活动开展时间、地点、形式 对活动开展产生影响的因素 营销活动目标达成的标准要求

图 7-20　营销业务活动数据需求分析

业务分析流程逻辑

根据决策需求分析业务时，需要按照一定的顺序查看不同的指标数值。例如，查看某一指标发现问题后会继续深度查看该指标的细分维度或者直接查看其他指标，或者先关注某一指标的总体情况，然后再关注这个指标在具体细分市场上的数值表现。而这些顺序往往基于业务分析流程的逻辑。因此，业务分析流程逻辑也是数据可视化展现的一种重要设计逻辑，根据此种逻辑设计数据可视化展示时必须先搞清楚业务的闭环分析操作流程[①]。

下面继续以中兴新云为某大型多元化企业设计的数据可视化展示为例。该企业和中兴新云团队在合作开发关于营销业务活动分析的数据可视化大屏时，中兴新云团队与该企业销售总监、区域销售经理等进行充分沟通后，首先明确销售部门中高层管理者在进行销售业务分析时的流程（如图 7-21 所示）。

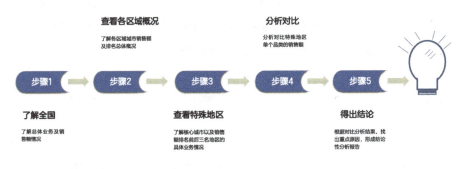

图 7-21　业务分析流程

根据具体的业务分析流程，中兴新云团队设计的大屏具有以下功能，助力该企业制定科学、合理的营销战略。

● 第一，通过展示本季度销售总额、本季度销售目标达成率等展示销售业务的整体情况。

---

① 艾达. 数据产品设计 [M]. 北京：电子工业出版社，2017.

● 第二，可以选择具体查看每家子公司的销售数据，以了解各区域销售业务的总体情况。

● 第三，根据区域分析结果，大屏还会将销售额突出和落后的区域特殊标注和展示出来。基于此，销售管理人员可以通过精准分析这些特殊地区的具体销售信息，并对可能因素进行交叉分析，从而迅速找出提升销售额及阻碍销售额增长的因素。

用户自定义逻辑

为了更好地实现"以用户为中心"的设计目标，提升数据可视化展现的用户体验，在进行数据可视化展示时往往还需要采用用户自定义逻辑，以更好地为数据使用者提供所需要分析的维度和信息，提升用户使用体验感。

中兴新云财经云图的可视化平台基于探索性分析，充分考虑用户的个性化数据展现需求，根据用户自定义逻辑设计数据可视化展现（如图 7-22、图 7-23 所示），图 7-24 为自定义设置完成的数据看板。中兴新云财经云图的可视化平台包括以下自定义功能：

● 提供图表以及看板的自助式制作、配置、关联、分析以及协作功能；

● 提供直观的数据指标拖曳分析，并可以根据现有业务数据特点智能推荐适合展现的图表类型；

● 支持丰富的交互方式，包括动态关联分析、全维度数据钻取、协同过滤等，使得使用者拥有一定的自主分析能力，可以自由地进行深度探索，从而快速发现业务问题。

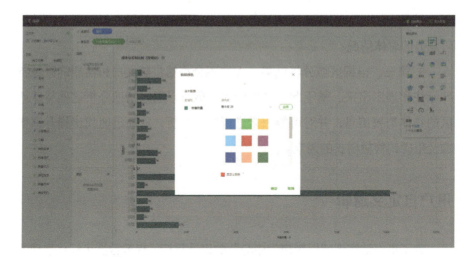

图 7-22 用户自定义逻辑 1

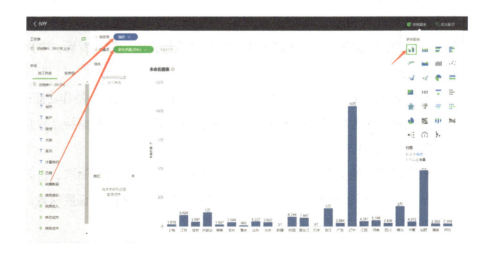

图 7-23 用户自定义逻辑 2

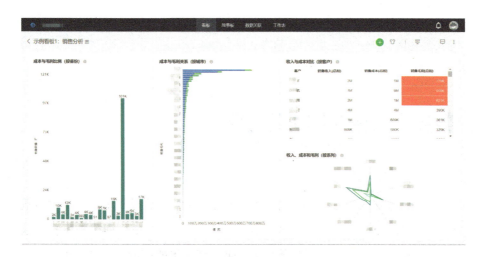

图 7-24　数据看板

数据可视化的实现工具

根据咨询公司 Gartner 的预测，到 2025 年，数据故事（使用视觉解释）将成为分析的最常见方式，其中有 75% 的分析由可视化技术自动生成。数据可视化领域备受大众关注，通过信息化的打造，融合可视化的展现平台将是未来行业发展的趋势。

Gartner 于 2020 年发布的《Gartner 2020 年分析与 BI 平台魔力象限》确定了排名前三的可视化工具，分别是 Power BI（微软公司推出的可视化工具）、Tableau（源于斯坦福大学的科研成果，是可视化领域标杆性的商业智能分析软件）和 Qlik（Qlik 公司推出的商业智能产品）。这三款工具仅需使用者具备较少的技术知识就可以使用其强大的分析功能进行清晰简洁的视觉化演示。除了这三款工具外，常见的数据可视化工具还有FineBI（帆软公司推出的商业智能产品）、R（一套完整的数据处理、计算和制图软件系统）、Python（计算机编程语言）等，这些工具可以分为编程和非编程两种类别。

● **需编程的可视化工具。**

需编程的可视化工具通常是指基于某种编程语言的可视化工具，常用的编程语言有 Java、Python、R 等。这类工具大多免费开源，在网络上下载并安装相关的可视化组件即可使用，它们提供了完善的图形、图表。这类工具依赖技术团队开发，因此要求企业有技术团队支持。此外，这类工具常应用于企业自身的系统中，可以更贴近企业实际需要，搭建企业自用的数据可视化工具。代表产品：ECharts（一款基于 JavaScript 的数据可视化图表库）、Highcharts（一个用纯 JavaScript 编写的图表库）、Python、R 等。

● **不需要编程的可视化工具。**

当使用不需要编程的可视化工具时，企业人员可以通过可视化的界面将多种数据源的数据导入可视化工具中，这类可视化工具提供多种数据图表类型，使用者通过简单拖曳即可生成数据可视化图表。代表产品：Power BI、Tableau、FineBI、财经云图等。

本书主要对日常使用频繁且较为成熟的 Excel、Tableau、Power BI、FineBI、R、Python 及财经云图这七个工具展开介绍。

Excel

Excel 是 Microsoft Office 软件中的重要组成部分，作为一款电子表格软件却是很多公司常用的入门级数据可视化工具，目前已广泛应用于管理、统计、财经、金融等众多领域。Excel 具有跟踪数据，生成数据分析模型，使用公式和函数对数据进行复杂的运算，以多种方式透视数据的功能。

Excel 内嵌 14 类 100 多种基本图表，包括柱形图、饼图、条形图、面积图、折线图、气泡图以及三维图。部分常见图表如图 7-25、图 7-26 所示。

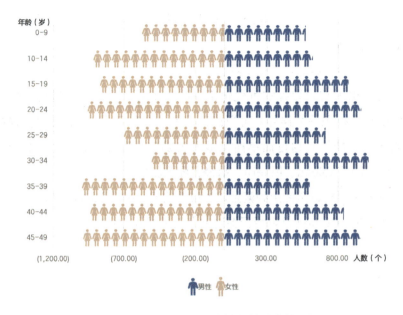

图 7-25 某地区男性与女性年龄分布旋风图

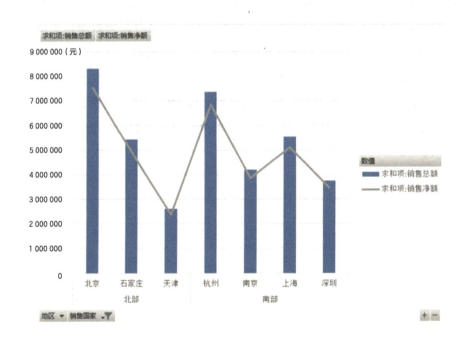

图 7-26 Z 公司全国销售总额与销售净额的柱状折线组合图

Excel 的图表能够直观地表示数据间的复杂关系，同一组数据可以用不同类型的图表进行表示，也很容易修改。对图表中的各种对象，如标题、坐标轴、网络线、图例、数据标志、背景等可任意进行编辑，图表中可添加文字、图形、图像，制作图表也极为方便、灵活。

Excel 提供了强大的网络功能，使用者可以通过创建超级链接，获取互联网的共享数据，也可以将自己的工作簿设置成共享文件，保存在互联网的共享网站中，与处于世界上任何位置的使用者共享文件。因此，Excel 凭借简单、方便、覆盖广的特点在众多数据可视化工具中占有一席之地。

Tableau

Tableau 是一款具备数据可视化能力的商业智能产品，包括个人计算机安装的桌面端软件和企业内部共享数据的服务器端两种形式。Tableau 的定位是敏捷和自助式分析，它能够根据业务需求对报表进行迁移和开发，从而让业务分析人员独立自助、简单快速、以界面拖曳式的操作方式对业务数据进行联机分析处理、即时查询等，图 7-27 为 Tableau 操作界面。

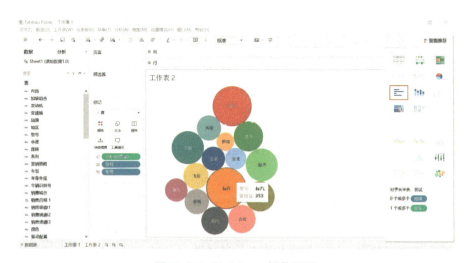

图 7-27 Tableau 操作界面

Tableau 在数秒内可以提取海量数据，并于数分钟内完成数据连接与可视化，将数据运算与图表相结合，极易上手，不需要编程即可深入分析、处理数百万行数据。使用者将大量数据拖放至 Tableau 的画布中，就可创建好各种不同类型的可视化图表。关于数据视图的类型，Tableau 集合了多个数据视图，既有大量表格分析组件，又有类型丰富的图表，比如散点图、甘特图、气泡图、直方图、靶心图等（如图 7-28 所示）；配色上也极具人性化地提供了很多方案，操作简单自由，能够帮助使用者深入且全面地分析。

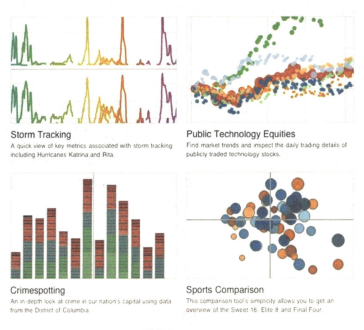

Storm Tracking
A quick view of key metrics associated with storm tracking including Hurricanes Katrina and Rita.

Public Technology Equities
Find market trends and inspect the daily trading details of publicly traded technology stocks.

Crimespotting
An in-depth look at crime in our nation's capital using data from the District of Columbia

Sports Comparison
This comparison tool's simplicity allows you to get an overview of the Sweet 16, Elite 8 and Final Four.

Tableau.Connect and prepare your data[EB/OL].

图 7-28　Tableau 的可视化图表

无论数据源是电子表格、大数据、SQL 数据库还是 Hadoop 或类似 Salesforce 的云服务等，使用者都可以使用 Tableau 快速连接，透视、拆分和管理元数据，从而优化数据源。通过数次点击，使用者即可快速发布仪表板，Tableau 的多元平台性保证了其能够在网页、手机、Tablet 间实现跨平台的可视化。

此外，Tableau 在一些需要进行高级计算的场景下，还支持与 Matlab 进行集成计算，使用 Matlab 预处理数据，并将该数据保存到 Tableau 中以便进一步提取、分析数据，十分便捷。挖掘语言集成方面，Tableau 目前除了支持 R（FineBI 仅支持 R 集成）之外，还支持与 Python 集成。

Power BI

Power BI 是由微软公司推出的商业智能软件，它包含一系列基于云的商业数据分析和共享的组件，是强大的数据可视化工具。Power BI 早期作为插件和 Excel 搭配使用，后续逐渐内置到 Excel 中，而现在这些插件打包起来成为一个独立的软件，即 Power BI。Power BI 的组件主要包含 Power Query、Power Pivot、Power View 及 Power Map。Power BI 可连接数百个数据源、简化数据准备并提供及时分析，快速准确地生成丰富的可视化交互式报表，并进行发布，供使用者随时查看和监测企业各项业务的运行状况，从而帮助使用者做出明智的业务经营决策。

利用 Power BI 组件进行可视化的流程如图 7-29 所示。

Power Query 获取、整理数据（即数据清洗）→ Power Pivot 建模、分析并生成透视图→ Power View 制作交互式报表 /Power Map 生成动态的数据地图→使用 Power BI 可视化仪表板进行发布和分享。

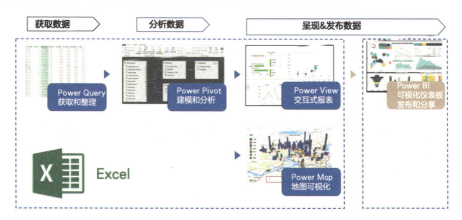

图 7-29 利用 Power BI 组件进行可视化的流程

Power BI 各个组件的特点如下。

● **Power Query 负责获取和整理数据。**

Power Query 适合转换、处理各种数据，可以极大地提升工作效率，将数据使用者从重复单调的工作中解脱出来，使之有更多时间去关心核心的业务分析问题。Power Query 目前已嵌入 Excel，位于"数据"选项卡下，如图 7-30 所示。

图 7-30　Power Query 操作界面

● **Power Pivot 负责建模和分析。**

Power Pivot 是一种数据建模技术，可以对多种数据源进行建模分析。当引入多张表时，可以构建多张表的关联关系，轻松处理各种量级的数据，快速建立多表关系，搭建庞大的数据模型。在 Excel 中使用 Power Pivot 时，需要从选项里面将这个功能加载进来，然后才会显示在如图 7-31 所示的工具栏里。

图 7-31　Power Pivot 操作界面

● **Power View 制作交互式报表。**

Power View 用来制作交互式报表，可用丰富的图形模块将数据分析的结果展现出来。Power View 提供的可用数据图形模板十分丰富，并且便于操作，可以快速创建各种可视化效果，直观地呈现数据，包括但不限于折线图、饼图、气泡图、散点图。使用 Power View 功能之前需要先在 Excel 的选项中加载此功能，然后才会显示在如图 7-32 所示的位置。

图 7-32 **Power View 操作界面**

● **Power Map 制作动态的数据地图。**

Power Map 可以结合 BingMaps，支持用户绘制可视化的地理和时态数据，并用 3D 方式进行分析。Power Map 功能也需要在 Excel 选项中手动加载，Power Map 操作界面如图 7-33 所示。

图 7-33 **Power Map 操作界面**

● 使用 Power BI 进行发布和分析。

Power BI 在包含了 Power Query、Power Pivot 和 Power View 这三者的全部功能的同时又增加了一些 BI 相关工具，允许在没有 Excel、SQL Server 或 SharePoint 的环境下对数据进行可视化分析处理，如图 7-34 所示。

图 7-34　Power BI 操作界面

Power BI 的优势在于处理多种数据源，在多种终端以多种方式处理和展示分析结果。在技术方面，Power BI 在许多场景下性能优于传统的 SQL。就功能而言，Power BI 提供了从数据抽取、转换、加载、分析到数据可视化展示的全套解决方案，可以横跨个人计算机、网页、手机、平板等多种平台工作，可以在个人计算机终端处理上亿行数据，支持处理上百种数据源，其展现方式灵活，可视化对象多，除了常规的条形图、饼图、折线图、漏斗图之外，还支持卫星地图展示以及外部各种自定义可视化插件，并且可以对接大数据时代十分热门的两种计算机编程语言——R 及 Python。

然而，Power BI 也有一些局限性。在可视化展现能力方面，Power BI 内置的图表种类相对较少，一些流行的图如玫瑰图、多层饼图、词云图、热力图、流向地图等都没有（需要进行市场图表拓展下载后使用）。在计算分析能力方面，Power BI 依赖 DAX 函数来进行运算，如果想做类似同期环期、同比环比的快速计算，则无法通过 Power BI 直接得出结果，需要先书写一些 DAX 函数才能计算出相关结果。

FineBI

FineBI 由帆软公司于 2006 年推出。FineBI 的定位是让业务人员和数据分析师自主制作仪表板，以便进行探索分析。其中，可视化探索分析能够让使用者以直观快速的方式了解数据并发现数据问题的来源。使用者只需要进行简单的拖曳操作，选择需要分析的字段，就可以快速看到所有数据，并且通过层级收起和展开、下钻和上卷，可以迅速地了解数据的汇总情况。同时，FineBI 具有管辖业务分析、报表整理的功能，有助于形象化地展现业务流程情况。通过 FineBI，使用者还能够运用数据统计分析对业务流程指标值和数据信息做全方位的剖析，有助于提出可行性分析的管理决策。

FineBI 中的数据可视化分析通过可视化组件和仪表板来实现。因此，FineBI 提供了仪表板工作区（如图 7-35 所示）和可视化组件工作区，二者共同组成数据分析和可视化展示的区域。

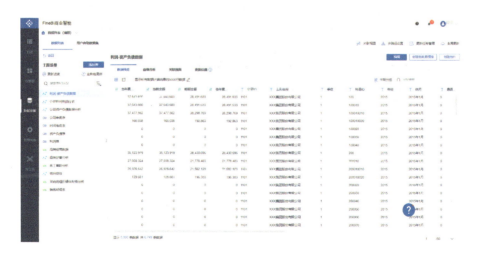

图 7-35　FineBI 操作界面

FineBI 拥有自己的分布式引擎（Spider 引擎），具有强大的数据处理与计算能力，为前端的灵活快速应用分析提供强有力的支撑。Spider 引擎能够直接读取企业数据库中的表并进行分析，适用于对实效性要求较高的数据分析场景，能够有效支撑 FineBI 大数据分析的需求，协助企业及时调整策略、做出更好的决策，增强企业的可持续性竞争力。

此外，FineBI 的使用者可以根据自身需求，对业务数据包进行自定义处理及探索式 OLAP 分析。FineBI 支持 ERP、OA 等多个信息化系统：即使各数据系统相互独立，也能进行多源数据整合，建立全局统一的数据仓库，实现企业的智慧化运营。FineBI 内置的数据挖掘算法十分丰富，除了预测和聚类之外，还支持分类、回归、关联规则等共计五大数据挖掘模型算法。然而，在挖掘语言集成方面，FineBI 仅支持 R 集成。

R

R 是一套完整的数据处理、计算和制图软件系统，集统计分析与图形显示于一体。具体包括：数据存储和处理系统、数组运算工具（向量、矩阵运算方面功能尤其强大）、统计分析工具、统计制图工具。它凭借简便而强大的编程语言可操纵数据的输入和输出，具有分支、循环，以及自定义功能。

图 7-36 展示了使用 R 绘制直方图的过程。

```
1   library(ggplot2)
2
3   data <- data.frame(
4     Conpany = c("Apple", "Google", "Facebook", "Amozon", "Tencent"),
5     Sale2013 = c(5000, 3500, 2300, 2100, 3100),
6     Sale2014 = c(5050, 3800, 2900, 2500, 3300),
7     Sale2015 = c(5050, 3800, 2900, 2500, 3300),
8     Sale2016 = c(5050, 3800, 2900, 2500, 3300))
9   mydata <- tidyr::gather(data, Year, Sale, -Conpany)
10  ggplot(mydata, aes(Conpany, Sale, fill = Year)) +
11      geom_bar(stat = "identity", position = "dodge") +
12      guides(fill = guide_legend(title = NULL)) +
13      ggtitle("The Financial Performance of Five Giant") +
14      scale_fill_wsj("rgby", "") +
15      theme_wsj() +
16      theme(
17          axis.ticks.length = unit(0.5, "cm"),
18          axis.title = element_blank()))
```

图 7-36　使用 R 绘制直方图的过程

R 提供了令人满意的一套语言拓展包，可用来制作可视化效果以呈现数据。常用的交互可视化的 R 拓展包如下。

ggplot2 支持自定义绘图；Leaflet 提供了一种简便且有效的方法来构建交互地图；Highcharts 支持绘制 R 中各种对象类的图，从数据框到树形图再到谱系图，如直线图、曲线图、区域图、区域曲线图、柱形图、饼状图、散布图等；plotly 支持制作散点图、箱线图、密度图；rgl 支持制作以三维形式呈现交互的 3D 图，还可以呈现出灯光效果、物体质感等。

图 7-37 为 BBC（英国广播公司）的视觉与数据新闻团队使用 R 绘制的一些新闻图表，图表样式丰富且可以迅速传达新闻讯息。

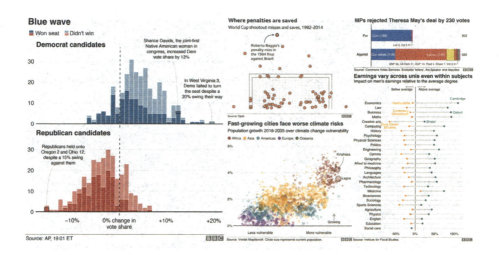

BBC.How to create BBC style graphics[EB/OL].

图 7-37　BBC 使用 R 绘制新闻图表

然而，在使用 R 进行数据可视化时存在以下问题。

● **操作困难。**

使用 R 时需要用到编程语言。对于财务人员而言，进行数据可视化操作难度较高。

● **效率较低。**

内存管理、速度与效率可能是 R 面临的几大严峻挑战。R 的基本原理来自 20 世纪 60 年代出现的各类编程语言，从这个意义上讲，R 在设计思路上属于一项古老的技术成果，这种语言的设计局限有时候会令大规模数据集处理工作遇到难题。

● **安全性低。**

很难把 R 当作后端服务器执行计算任务，因为它在网络层面缺乏安全性保障，不过 Amazon Web Services（亚马逊云计算服务）平台上的虚拟容器等技术方案的出现已经在很大程度上解决了此类安全隐患。

Python

Python 是一种解释型、面向对象、动态数据类型的高级程序设计语言。Python 的优势之一是具有极强的可移植性，其应用程序不仅可以在 Windows、macOS、Linux 三大平台上运行，甚至可以在移动设备和便携式设备上运行。基于其开放源代码的特性，Python 已被移植到许多平台，也被非常广泛地应用，如应用在 Web 和 Internet 开发、科学计算和统计、人工智能、桌面界面开发、软件开发、后端开发和网络爬虫等方面。

在数据展示与分析领域，Python 有自己的语言库，NumPy（Numerical Python）是语言的一个扩展程序库，支持大量的维度数组与矩阵运算，能够快速进行数据的加工和处理。运用 Python 可以轻松实现可视化——只需借助可视化的两个专属库（Libraries），即 Matplotlib 和 Seaborn。

Matplotlib：基于 Python 的绘图库，为 Matplotlib 提供了完整的 2D 和有限 3D 图形支持，这对在跨平台互动环境中发布高质量图片很有利。图 7-38 为使用 Matplotlib 绘制直方图的操作界面。

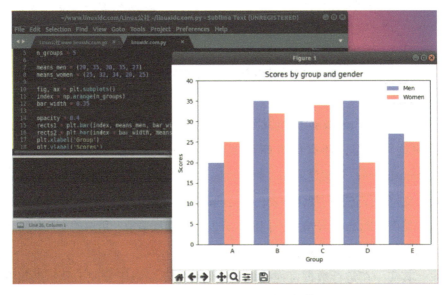

图 7-38　Matplotlib 绘制直方图操作界面

Seaborn：Seaborn 基于 Matplotlib，用于创建信息丰富和有吸引力的统计图形库。Seaborn 提供多种功能，如内置主题、调色板、函数和工具，以实现单因素、双因素、线性回归、数据矩阵、统计时间序列等的可视化，从而创建更高阶的图表。

图 7-39 为使用 Python 制作的一些可视化图表。

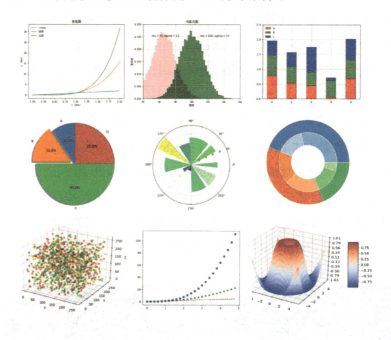

图 7-39　使用 Python 制作的可视化图表

使用 Python 能够方便快捷地进行数据分析。Python 具有以下特点：语法结构简单，还有很多库可供调用，如 Numpy、Pandas、SciPy、Matplotlib 等；开发速度快，而且代码量非常少；数据处理包多，使用方便；支持制作各类可视化图表；可处理数据量在百万级别以上的数据。

然而，Python 毕竟是一门面向开发者的编程语言，用户的交互体验不会非常好，不属于快速上手的工具类型。

其实，在进行数据可视化时，我们可以不局限于一种工具，比如将 Python 或 R 配合 BI 工具使用，工作效率将会大幅度提升。

财经云图

通过对市场上常见的数据可视化产品进行分析，可以发现目前的数据可视化产品更多地关注在可视化展示的功能上。然而仅仅关注可视化展示，往往不能满足企业经营者的决策需求。例如，传统的可视化图表相当于一张纸质地图，它能告诉我们当前所处位置的地貌，但企业经营决策者需要的却是去往"目的地"的路线建议及偏航纠正功能。

中兴新云财经云图可视化平台（如图 7-40 所示）是中兴新云打造的，对企业经营管理现状进行描述与诊断，用标准报表和 BI 数据可视化平台为管理决策提供支持的一套数字化方法论及信息系统产品。针对决策者需求，从业务全局视角贯穿业务链，以指标抽象核心管理需求，通过数据治理、数据价值链管理以及 BI 平台进行数据和指标的分析与可视化展示，满足企业各层级经营者需要及时、透明、高效地管理报表的诉求，支持企业经营管理。财经云图 BI 数据可视化平台具有以下核心功能。

● 操作简单、易上手。通过简单的拖拉拽操作即可完成数据导入、加工、计算以及系统配置。

● 内置预警规则。平台可对企业经营状况进行实时监控，及时发现数据异常，并通过邮件、短信等方式及时提醒企业经营者。

● 智能数据穿透。平台可对异常数据进行层层下钻分析，追根溯源，找到解决问题的切入点。

● 规模部署可视化看板。财经云图的数据可视化看板可通过团队共享实现规模部署，当用户查看看板时，平台自动根据权限过滤数据范围，在保障数据安全的同时避免重复配置通用报表。

● 便捷查询。一方面，可一键导出多种格式的文件，全方位满足各层级呈报需求；另一方面，可实现 PC 端和移动端同步功能，无论是出差还是会议中企业经营者都可实时掌握所需信息。

图 7-40 中兴新云财经云图可视化平台界面示例

本章小结

　　数据可视化以生动形象、清晰易懂的方式将海量数据中有价值的信息分类、汇总及分析，同时将大量的数据和结果以更直接、更美观、更清晰的方式展示出来，使得读者能够迅速获取所需信息，并据此辅助决策。因此，近年来数据可视化发展迅速。

　　数据可视化的表现之一是视觉元素更加多样：从传统的柱形图、饼状图、折线图，扩展到气泡图、漏斗图、词云图、热力图等各式图形，有助于使用者进行不同维度的分析，也有助于用各种形状、颜色、图像将枯燥的数据生动形象地展示出来。表现之二是数据的可视化展示更加智能：从线下手绘到线上图表展示，再到可互动的数据可视化大屏，以用户为中心，通过合适的展现逻辑设计数据可视化展示图，使用户可以迅速获取所需信息，轻松、便捷地利用可视化展现结果满足自身的分析需求。表现之三是可用的数据可视化工具更加丰富：从传统的 Excel 到各类编程语言，再到专业型 BI 工具，数据可视化展示工具愈加专业和智能。

第 8 章

哈斯汽车：如何开展数
据分析与可视化项目

案例背景①

哈斯汽车

哈斯汽车是一家中国汽车制造企业，近年来发展势头迅猛。汽车制造和销售是复杂和竞争激烈的业务，汽车产业遍布全国各地，想要在汽车市场上存活下去，公司必须充分了解其市场、客户基础和成本，进而实现盈利。公司目前拥有一些畅销且客户满意度极高的汽车品牌，这对于公司现阶段的业务来说是至关重要的资产。该公司由一家大型汽车制造企业迪锐分拆而来，独立经营发展。

3年前，张楠被哈斯汽车聘任为高级成本分析师。张楠最近晋升为财务主管，她提出了名为"数据驱动"的战略，即通过收集大量与生产和营销相关的产品详细信息，从而制定更适合公司的发展战略，但是她发现在实施"数据驱动"战略的过程中存在以下痛点：

● 公司的发展速度飞快，张楠的时间与精力有限，难以处理不断累积的大量数据；

● 随着获取的数据越来越多，管理层对报告和深度分析这些数据的需求也随之增加，然而，张楠的专业能力难以对这些数据进行有效组织和运用；

● 张楠每周会向哈斯汽车的高管层汇报与营销战略、销售目标和产品需求相关的重要信息，由于管理层难以消化所有的数据，她时常感到这些

---

① 说明：此案例改编自 IMA Data Analytics & Visualization Fundamentals Certificate® 课程，并非来自真实案例，案例中出现的人物、公司和数据均是虚拟的，本案例旨在尽可能清晰而全面地为读者展示数据分析与可视化的完整过程。

信息未能得到充分的解读。

张楠认为数据分析、数据可视化等将会是帮助她与高管层建立有效沟通的重要工具和手段。为了充分利用手中的大量数据，张楠走访了一些专门从事信息技术和数据工程的咨询公司。最终，张楠选择了具备汽车行业的专业知识并且专注于数据分析和可视化领域的兴云咨询公司。

兴云咨询公司

兴云咨询公司由陈格和李昊于 5 年前创立，他们希望通过数据分析、数据可视化的应用，让客户能够更好地了解自身的业务。当今时代，在低存储成本和用户友好型分析的驱动下，众多公司已经大大地增加了收集和存储的数据量。然而，很多公司缺乏将这些数据转换为深刻见解的人才，而兴云咨询公司的目标就是帮助这些公司填补这方面的人才空白，提供优秀的分析型专家资源。

项目立项

张楠要求哈斯汽车的高级会计师王云和会计职员刘政与兴云咨询公司组建成为一个项目团队，一同完成该项目。兴云咨询公司指派了具备汽车行业丰富项目经验的高级咨询师孙奕作为这个项目的领导者，孙奕将带领兴云咨询公司新雇佣的员工刘森共同完成这个项目。孙奕在兴云咨询公司工作已有 3 年，而刘森是一名年轻、有进取心的员工，这两名员工将组成一支具备奋斗、创新、团结、真诚精神的团队。

项目沟通

前期内部沟通

孙奕在正式与张楠进行电话沟通之前，与刘森会面并讨论了该项目的基本情况。孙奕计划采用五步模型作为项目实施的核心方法论，因此他首先向刘森解释说明了这个模型。

孙奕："刘森，我在理论和实践应用方面有着丰富的经验，因此你不必太过担心自己缺乏经验。具体项目实施的过程将包括业务需求分析、数据采集、数据清洗、数据分析与可视化，以及沟通结果，理解和遵循这些步骤将对你完成这项任务有很大帮助。我们的客户哈斯汽车希望在4至6周的时间内完成这个项目，对此你有什么看法？"

刘森："我觉得时间方面可能有些紧张，4至6周是不是太短了呢？"

孙奕："我认为在不知道具体问题以及具体数据的情况下，我们无法设定时限。但是我们需要时刻牢记，数据不会说谎。目前我们还不知道这些数据是否'干净'，因此需要先做一些可信度测试。前天，我收到了张楠发送的关于哈斯汽车公司基本信息与业务总体情况的资料，我已经看过这些资料了，现在我们共同了解一下信息吧。

哈斯汽车目前的市场主要在我国的10个城市，即：北部的北京、天津、石家庄，中部的西安、郑州，南部的上海、杭州、南京、深圳、广州，如表8-1所示。

表 8-1　哈斯汽车公司的销售区域和城市

区域	城市
北部	北京、天津、石家庄
中部	西安、郑州
南部	上海、杭州、南京、深圳、广州

哈斯汽车目前生产三个品牌的汽车，即：东悦、长汽和华汽。每个品牌下有若干种型号（也可称之为子品牌），具体型号如表 8-2 所示。现有车型又可分为 7 种类别：紧凑型、次紧凑型、大型、中型、豪华型、迷你型和运动多功能型。

表 8-2　哈斯汽车公司的汽车品牌和型号

品牌名称	现有型号
东悦	飞达、吉达、丰悦、宝龙、宝菱
长汽	博瑞、传汽、睿博、睿汽、风瑞
华汽	华运、昌华、标汽、驰华、荣汽

哈斯汽车每一种型号的汽车又有若干个系列，所有车型一共包含 33 个系列。各型号下的现有系列车型的详细信息见表 8-3。每一种型号的汽车在车身样式、发动机、变速箱、驱动配置、内饰、颜色和座椅类型上各不相同。发动机和变速箱的生产由一个部门（参见表 8-4）完成，而组装加工则由另一个部门完成（参见表 8-5），这些可选的汽车配置方案详见表8-4 和表 8-5。

表 8-3　哈斯汽车公司各汽车型号下的不同系列车型

型号	系列	型号	系列
华运	A1、A2、A3	风瑞	N1、N2

续表

型号	系列	型号	系列
博瑞	Bas1、Bas2	驰华	B1、B2
昌华	Tr1、Tr2	丰悦	R1、R2
飞达	C1、Cx2、S1、S2	宝龙	Ra1、Ra2
传汽	Cr1、Cr2	荣汽	Ro1、Ro2
睿博	F1、F2	睿汽	P1、P2
吉达	M1、M2	宝菱	V1、V2
标汽	J1、J2		

表 8-4　哈斯汽车公司汽车的发动机、变速箱和驱动配置

车身样式	发动机及其类型		变速箱	驱动配置
迷你车	—	i5	—	—
跨界车	柴油	v7	5 速自动	4 轮驱动
皮卡	汽油	v9	5 速手动	全轮驱动
小轿车	机械增压	v11	6 速自动	前轮驱动
越野车	涡轮增压	v13	6 速手动	后轮驱动

表 8-5　哈斯汽车公司汽车的内饰、颜色和座椅

内饰	颜色	座椅
基础内饰	黑色	皮革座椅
高级内饰	蓝色	布料座椅
豪华内饰	棕色	塑料座椅
特殊定制	香槟色	布料座椅
	灰色	
	银色	
	白色	

　　哈斯汽车与很多汽车制造商一样，还会向车主提供各种组合和加装选

项的服务。这些组合包括一系列预先设定好的加装组合，也可由顾客根据其自身需求个性化配置。表 8-6 列示了六项加装组合服务，以及每个组合中包含的产品和服务的详细信息。表 8-7 提供了顾客可选择的加装选项。表 8- 7 中的每个选项都在表 8-6 中的组合中有涉及。"

表 8-6 哈斯汽车公司的加装组合

项目	内容
车身外观	变速器
外观加装组合	汽车天窗、汽车天窗挡流板、遮光板、防眩目后视镜、混合动力
外部保护加装组合	防刮痕透明涂层、交通状况预报、远程启动、变道提示系统、门缝条
操控加装组合	智能锁系统、无钥匙进入、一键启动按钮、自动 / 手动变速箱、防抱死制动系统、免提 GPS 和指南针、紧急辅助系统
内饰加装组合	多媒体功能包，包括：高分辨率触摸屏、高级收音机、6 个车内音箱、先进的语音识别、免提电话功能以及低油耗报警系统
泊车技术加装组合	后视镜自动调节、电动后视镜、车载行车记录仪、接触传感器报警、自动调整侧视镜、车辆被盗定位系统
技术加装组合	预碰撞系统、停车辅助、行车偏离警报、里程表、节油的巡航控制

表 8-7 哈斯汽车公司的加装选项

加装项内容
无钥匙进入
汽车天窗
电动后视镜
高级收音机
远程启动

刘森："我了解了。那哈斯汽车的主要诉求是什么呢？"

孙奕："哈斯汽车收集了大量的具体交易数据，比如成本数据、市场营销数据以及每辆汽车的销售计划数据。对于哈斯汽车的管理团队及高管层来说，数据量过于庞大。我们的工作目标是帮助张楠和她的团队更好地运用这些数据来理解关于各个车型的成本和盈利能力。出于年度计划的需要，他们还需要关于销售量和销售地区相关的详细信息。张楠需要至少预测三个季度的销售额信息，以便管理团队更好地安排生产计划。

另一个同样重要的目标是帮助他们理解数据可视化的好处，以及如何利用数据可视化向高管层提供具有深刻见解的决策建议。通过更好地利用该公司使用的 Tableau 数据可视化软件将从各个渠道获得的大量数据转换为容易理解的图形信息。在保留基础数据的同时，通过简单的形式呈现，在需要的时候可以立即查看，这在帮助哈斯汽车保持和提升其竞争优势上非常有用。"

刘森："那么管理团队是如何储存这些数据的呢？"

孙奕："公司实际的销售数据很可能来自企业资源计划（Enterprise Resource Planning, ERP）系统，我们需要与客户见面会谈从而获得车辆识别号（Vehicle Identification Number, VIN）层面的具体交易信息，因为 VIN 是每辆车独一无二的标识信息。"

刘森："我们可以直接用他们提供的数据吗？还是说我们需要验证和重新组织这些数据呢？"

孙奕："在我们导入这些数据之前，我们需要了解这些数据的可用度。我们将选取公司全部数据的 25% 作为样本数据来构建分析模型。如果这些数据是'干净'的，那么在 4 至 6 周的时间范围内完成该项目是可行的。张楠已经从会计部门指派了两名会计师帮忙收集和整理样本数据，我们可以使用抽样调查的方式来查看这些数据及其格式，从而确定我们能够提供哪种类型的分析。我们可以使用样本数据为客户创建演示仪表板，如果客户认为运用抽样数据进行的分析和仪表板展示是可行的，我们就可以对全部数据进行全面分析了。"

刘森："好的，我明白了。关于仪表板您可否为我再详细解释一下呢？我不确定是否充分理解了它的含义。"

孙奕：　"仪表板是指一个整合多个可视化图表信息的屏幕，能够简明地展示业务指标和关键绩效指标。汇总的数据来源于各个渠道，并且能够进行实时呈现。"

刘森：　"明白了，谢谢您。虽然这个项目看起来充满挑战，但是我迫不及待地想要开始了，我将会尽力达成合作。"

客户需求沟通

在结束与刘森的会面后，孙奕致电张楠，在电话中介绍了自己，并且确定了双方将于下周会面。

（1）远程沟通

孙奕：　"您好，张总。我是兴云咨询公司的孙奕，我打电话给您是想确定一下我们的第一次会面。"

张楠：　"你好，孙奕。我非常期待贵团队的到访，我们想要尽早地获得帮助。目前，我们每天会产出大量的数据，而我根本没有时间去查看所有的数据，更别说去分析它们了。此外，我们的数据存储在各个数据库、电子表格和 ERP 系统中，因此难以将这些数据进行整合和充分利用。我们的服务器上有数据可视化软件，但是目前还不知道该如何使用它。我了解到运用数据仪表板可以轻而易举地汇总从各个渠道收集的大量数据，并输出用户友好的、适应性强的结果，不知道贵司是否可以帮助我们实现这个目标？"

孙奕：　"当然了，那么你想要从数据仪表板上获取什么信息呢？"

张楠：　"我们希望能够获得各个汽车品牌和汽车型号的盈利能力信息，因为如果要在行业中站住脚，稳定的边际利润至关重要。此外，我们还想要了解各个省份和城市层面的销售信息。最后，我们希望能够制定完善的生产计划，但是如你所知，这将需要获得滚动更新的更多信息。"

孙奕：　"我不确定 4 至 6 周的时间是否足够，我们需要先查看一下数据，并明确你希望通过数据仪表板辅助哪些方面的决策。在下周会面后，我将会确定一个项目初步计划与安排。"

张楠：　"好的，那我想我们可以约在下周一见面会谈。"

（2）现场沟通

孙奕和刘森与张楠及其团队进行了第一次会面。

孙奕：　"关于数据仪表板，你们想要通过它说明或者解决什么问题呢？最终的数据仪表板使用者是谁呢？不同的使用者需要不同的数据仪表板吗？"

张楠：　"我已经列出了一系列希望通过数据仪表板解决的问题，接下来我会向你一一解释。

第一，我们想要知道整体绩效分析的结果，从而了解全国业务经营的情况。我们还需要知道哪些型号的汽车实现了盈利，在哪些区域销售得好，以及销售渠道如何推动销售量提升。重要的是，我们希望能够从整体层面看到这些汇总的信息，同时也能够追溯详细信息。这些盈利能力的信息对于我们的高管团队［首席执行官（Chief Executive Officer、CEO）、财务总监（Chief Financial Officer，CFO）、首席运营官（Chief Operating Officer，COO）、首席营销官（Chief Marketing Officer，CMO）］来说至关重要，因为他们负责哈斯汽车的经营方向和盈利水平。

第二，我希望能得到财务分析仪表板，为我们的管理会计团队、财务报告团队，以及CFO提供边际贡献、总成本和销售量等信息，这两个团队还需要监控所有型号汽车的成本和边际贡献的变化情况，这些是重要的指标。当初步设置好仪表板并运行以后，需要分析其他的指标，供管理会计团队使用。

第三，CMO和销售团队需要运营分析以帮助他们了解周转率和需求。他们需要知道当前市场销售的车型和销售周期，以及加装组合和选项对销售的影响，还需要了解哪些加装组合是更受欢迎和能实现更多盈利的。

第四，预算和产品团队需要利用预测分析来了解未来至少3个季度的销售和毛利情况。"

孙奕：　"好的，关于你们的诉求，我已经了解得非常清楚了，在项目团队成立后，我们会定时和你分享进度。"

项目实施

孙奕、刘森、王云和刘政四个人组成了一个项目团队，项目团队正式成立，成员概况如表 8-8 所示。

表8-8　项目团队成员概况

公司名	职位	姓名
哈斯汽车公司（甲方）	高级会计师	王云
	会计职员	刘政
兴云咨询公司（乙方）	高级咨询师	孙奕
	新职员	刘森

需求分析

根据此次项目计划的五步模型，孙奕和刘森首先需要梳理并分析业务需求。

孙奕："想要使用数据可视化软件对数据进行初步分析，首先需要弄清楚业务需求。针对咱们上次现场沟通的结果，我总结了哈斯汽车目前的分析需求，主要包括绩效分析、财务分析、经营分析、预测分析这四个方面。

关于绩效分析方面，我们需要分析哈斯汽车的全国经营绩效、各个品牌的经营绩效、各个销售渠道的经营绩效，以及盈利情况最佳和最差的汽车型号。

关于财务分析方面，我们需要分析当前每种型号的汽车的边际贡献、

每种型号的平均变动成本及变化趋势、变动成本波动性最大的型号、当前
各种销售渠道的边际贡献。

关于经营分析方面，我们需要分析加装选项销量最佳和最差的型号、
各种型号的汽车销售前在仓库的存储天数。

关于预测分析方面，我们需要预测未来四个季度的销售量和边际
贡献。

在完成分析后，我会使用 Tableau 编制一个关于上述每个方面的联动数
据仪表板，进行数据的可视化。在这之前，我需要你向王云和刘政收集相
关数据。"

刘森："好的，我这就向他们了解并收集数据。"

采集数据

刘森："王云你好，可否向我们介绍一下公司已有数据的范围和数
量级？"

王云："好的，我们在 ERP 系统中记录了 VIN 层面的具体信息，因
此我们拥有大量的数据。我们知道销售的每一辆汽车的售价、营销费用以
及变动成本和固定成本，我们还记录了一些非财务数据。"

刘森："请问是哪些非财务数据呢？"

王云："我们记录了诸如品牌、型号、型号年份、系列、车型、车身
样式、驱动配置、发动机类型和变速箱类型等汽车信息。我们还登记了销
售的每辆汽车的颜色、内饰，以及购买的组合或加装选项的详细信息。这
仅仅是汽车的信息，我们还收集了销售的区域和城市、每辆汽车销售前在
仓库内停留的天数、销售时采用的营销活动的类型等信息。此外，我们还
记录了销售渠道的信息。"

刘森："关于销售渠道的信息，您能讲得更具体一些吗？"

王云："当然可以。我们的销售分为三种渠道：第一种销售渠道是通
过经销商、旗舰店或零售商进行销售；第二种销售渠道是根据客户类型来

划分的，我们拥有商业客户、雇员/合作伙伴项目、政府客户、非雇员客户和租赁客户；第三种销售渠道是根据付款方式来划分的，即现金付款、融资支付或租赁。"

刘森："好的，我们会尽力在分析中同时用到财务和非财务数据。那么请你们提供一份数据样本，至少包含数据总量的 25% 的最新数据，通过运行一些数据有效性的测试，我们就能够验证这些数据是否'干净'，然后就可以将这些数据汇总起来并进行分析了。"

王云："好的，我和刘政会确保你们能够拿到需要的所有数据，并且可以随时协助你们。"

清洗数据

在确定了需要解决的问题并获得数据之后，项目团队的下一个重要步骤是清洗数据。清理和清除异常数据通常包括检查数据的有效性问题，如错误分类的数据、无效数据或丢失的数据，以及超过给定参数的数据。刘森与孙奕整理和检查获取的数据时，发现了一些问题。

刘森："我在研究数据的时候发现了一些'脏'数据，我们是否应该及时清除呢？"

孙奕："你需要详细地告诉我这些'脏'数据的类型，以及你打算如何清洗。"

刘森："我主要发现了四种类型的'脏'数据。

第一种是重复数据，在哈斯汽车的数据集中存在一些重复的 VIN（如图 8-1 所示），第 291 和第 392 条数据的 VIN 重复。我计划在 Excel 中运用条件功能进行识别，然后使用 Excel 数据工具栏中的'移除重复值'功能来删除重复的 VIN 数据。

车辆识别号	品牌	型号		区域	城市	库存天数	销售渠道L1
282 1ABCD2E34FG331508	华汽	华运		中部	西安	41	经销商/代理商
283 1ABCD5E34FG331645	华汽	华运		中部	西安	43	零售
284 1ABCD5E34FG331691	华汽	华运		北部	石家庄	48	经销商/代理商
285 1ABCD2E34FG331578	华汽	华运		中部	郑州	48	经销商/代理商
286 1ABCD2E34FG331621	华汽	华运		中部	郑州	48	经销商/代理商
287 1ABCD5E34FG331556	华汽	华运		南部	杭州	49	经销商/代理商
288 1ABCD2E34FG331599	华汽	华运		中部	郑州	50	零售
289 1ABCD5E34FG331611	华汽	华运		中部	西安	58	零售
290 1ABCD5E34FG331545	华汽	华运		北部	北京	77	经销商/代理商
291 1ABCD5E34FG331624	华汽	华运		中部	西安	83	经销商/代理商
392 1ABCD5E34FG331624	华汽	昌华		南部	上海	194	旗舰店
393 1ABCD4E34FG333612	华汽	昌华		北部	北京	212	旗舰店
394 1ABCD4E34FG333773	华汽	昌华		北部	天津	221	旗舰店
395 1ABCD4E34FG333717	华汽	昌华		中部	西安	223	旗舰店
396 1ABCD4E34FG333709	华汽	昌华		北部	北京	243	旗舰店

图 8-1 VIN 重复的"脏"数据

第二种是违反完整性规则的'脏'数据，如汽车的型号不存在（如图 8-2 所示），华汽汽车品牌下无'大运'型号汽车，因此此条数据属于违反完整性规则的'脏'数据。这类'脏'数据属于逻辑问题数据，也无法使用，这部分'脏'数据不多，我认为有必要通过人工排查方式进行调整和修改。

车辆识别号	品牌	型号	区域	城市
122 1ABCD2E34FG634422	华汽	华运	中部	郑州
123 1ABCD2E34FG634578	华汽	华运	中部	郑州
124 1ABCD2E34FG634259	华汽	华运	中部	郑州
125 1ABCD2E34FG634278	华汽	华运	中部	郑州
126 1ABCD2E34FG634616	华汽	华运	中部	郑州
127 1ABCD2E34FG634864	华汽	华运	中部	郑州
128 1ABCD2E34FG634756	华汽	华运	中部	郑州
129 1ABCD2E34FG634642	华汽	华运	中部	郑州
130 1ABCD6E34FG634487	华汽	华运	中部	郑州
131 1ABCD6E34FG634475	华汽	华运	南部	郑州
132 1ABCD2E34FG634902	华汽	华运	中部	郑州
133 1ABCD2E34FG634973	华汽	华运	中部	郑州
134 1ABCD2E34FG634261	华汽	华运	中部	郑州
135 1ABCD2E34FG634308	华汽	大运	中部	郑州
136 1ABCD2E34FG634555	华汽	华运	中部	郑州
137 1ABCD2E34FG634389	华汽	华运	中部	郑州
138 1ABCD2E34FG634998	华汽	华运	中部	郑州
139 1ABCD6E34FG634864	华汽	华运	中部	郑州
140 1ABCD2E34FG634233	华汽	华运	中部	西安
141 1ABCD2E34FG634289	华汽	华运	中部	西安

图 8-2 汽车型号不存在的"脏"数据

　　第三种是违反属性依赖规则的'脏'数据，例如区域与城市不匹配、系列与型号不匹配，这也是逻辑问题。我将创建一个数据透视表（如图 8-3 所示），将'区域'和'城市'从'数据透视表字段'拖曳到数据透视表的区域内。接下来，将所得结果与表 8-1 中所列的区域及城市进行比较后，我发现部分汽车的销售城市为郑州，却被划入北部，部分汽车的销售城市为西安和郑州，却被划入南部。因此，存在城市与区域不匹配的现象。此外，我还计划按照同样的方法创建数据透视表与表 8-2 中所列的品牌与型号进行比较，检验图 8-2 中是否还存在其他有效性错误。

图 8-3　区域与城市的数据透视表

　　第四种是缺失数据，比如缺失了序列号、库存天数（如图 8-4 所示）等核心数据。这类'脏'数据无法分析使用，因此需要根据缺失比例和重要性决定删除或人工填补。"

	B	C	AG	AH	AI	
1	品牌	型号	区域	城市	库存天数	
1089	Apechete阿普切	昌华	南部	深圳		
1402	华汽	昌华	中部	郑州		
1553	华汽	昌华	南部	上海		
1662	华汽	昌华	中部	郑州		
2697						

图 8-4　无库存天数的缺失数据

　　孙奕：　"说得很棒，那就按照你的计划继续推进数据清洗工作吧。"

数据分析与可视化

待清洗完数据后，项目团队需要开展具体的数据分析与可视化工作。孙奕计划运用数据仪表板对哈斯汽车公司四个重要的维度进行可视化分析：绩效分析、财务分析、经营分析和预测分析。数据仪表板的构造方式是首先使用 Tableau 对四个维度单独分析，然后将结果组合，为每一个维度构建相关信息的数据仪表板，从而进行各种分析的可视化展示。

（1）绩效分析

在这一部分中，孙奕将为哈斯汽车的全国绩效、品牌绩效、销售渠道的成功度以及各种型号汽车的盈利水平创建单独的可视化分析模块，并将这些分析结果合并到整体的绩效分析仪表板中。

● 全国经营绩效分析。

在 Tableau 中，孙奕将"区域"拖到行窗格中，将"销售总额"拖到列窗格中，然后将"区域"拖动到颜色按钮上，并将此表命名为"全国经营绩效分析"（如图 8-5 所示）。由图 8-5 可知，中部的销售额远远高于南部和北部的销售额。因此他得出了这样的结论：哈斯汽车有机会提高南部和北部新兴市场的市场份额，但还需要再进行深度的市场调查。

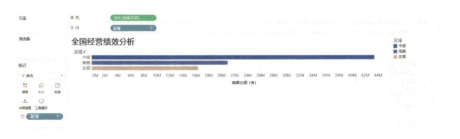

图 8-5　全国经营绩效分析

● 各品牌经营绩效分析。

在 Tableau 中，孙奕打开一个新的表格以分析品牌绩效，将"品牌"拖到行窗格中，将"销售净额""销售总额""销售量"拖到列窗格中，并从屏幕右侧的可视化类型区域中选择"表"。最后，将这张表重新命名为"各品牌经营绩效分析"（如图 8-6 所示）。从图 8-6 中可以看到，无论是销售总额还是销售量，东悦和华汽两个车型的表现更好。此外，还可以看到每个品牌的销售量，并以此评估每辆汽车的平均净收入。

图 8-6　各品牌经营绩效分析

● **各销售渠道经营绩效分析。**

接下来需要分析销售渠道的盈利能力，这是对各种销售渠道边际贡献的评估。在 Tableau 中，孙奕通过将"边际贡献"拖到行窗格，将"销售渠道|1""销售渠道|2""销售渠道|3"拖到列窗格，将"销售渠道|3"拖到颜色按钮，可以创建销售渠道盈利能力的可视化图。孙奕更改工作表的标题，命名为"各渠道经营绩效分析"，并将可视化类型设置为"堆叠条"。

从图 8-7 可得，在所有的销售渠道中，就边际贡献而言，哈斯汽车在租用市场和非雇员的零售商客户中实现了更高的利润，而旗舰店和政府渠道方面则表现不佳。

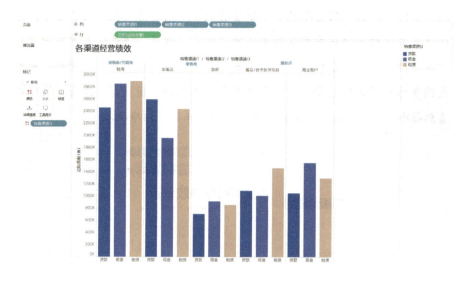

图 8-7　各渠道经营绩效分析

● **各型号盈利能力分析。**

为了展示盈利能力强的汽车型号，孙奕在 Tableau 中将"型号"拖到行窗格，将"净收入"拖到列窗格，并将"型号"拖到颜色按钮。接下来过滤型号，只显示净收入排名前五位的型号，并选择"填充气泡图"的可视化类型。如图 8-8 所示，盈利能力强的五个型号为华运、飞达、昌华、宝菱、丰悦。

为了展示盈利能力弱的型号，孙奕将"型号"拖到行窗格，将"净收入"拖到列窗格，并将"型号"拖到颜色按钮。接下来过滤型号，只显示按净收入排列的最后 5 个型号，并选择"突出显示表"的可视化类型。根据图 8-9，盈利能力弱的 5 个型号为标汽、驰华、传汽、荣汽、博瑞。

图 8-8　盈利能力强的 5 个型号分析

图 8-9　盈利能力弱的 5 个型号分析

● 绩效分析仪表板。

在完成绩效分析之后，孙奕单击在 Tableau 屏幕右下角的"新建仪表板"，刚创建的表都将出现在窗口左侧的列表中，将每一页拖到屏幕右侧的画布中，并移动到所需的位置，将屏幕底部的选项卡重新命名为"绩效分析仪表板"，如图 8-10 所示。

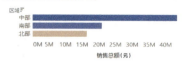

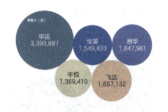

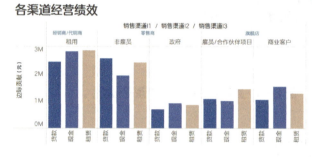

图 8-10　绩效分析仪表板

　　根据此绩效分析仪表板，哈斯汽车的管理层可以了解公司的经营绩效，并制定相应的经营战略和管理分析策略。例如，深度扩大南部和北部地区市场的品牌影响力，大力促进长汽品牌的销售量提高；将盈利能力较强的汽车型号打造为公司的明星产品，对盈利能力较弱的汽车型号进行进一步的调研分析等。

（2）财务分析

● 各型号当前边际贡献分析。

　　孙奕通过 Tableau 制作可视化图表，让哈斯汽车的管理层快速了解每种型号的边际贡献，深色和较大的单元格代表高边际贡献。孙奕还为边际贡献添加了一个"标签"，以便将金额显示在单元格中，并对边际贡献的衡量指标进行了格式设置，以便显示千位分隔符和人民币金额，如图 8-11 所示。

图 8-11 各型号当前边际贡献

● 各型号平均变动成本及变化趋势分析。

孙奕通过使用季度变动成本总额的趋势线来显示变动成本和变动成本平均数的变化趋势。首先单击"分析"选项卡，然后单击"平均线"，将"平均线"行添加到画布中，最终效果如图 8-12 所示。

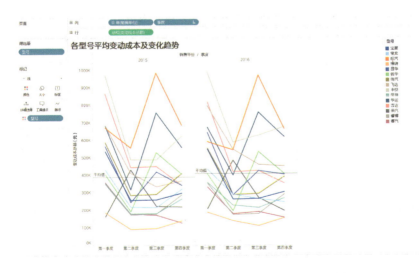

图 8-12 各型号平均变动成本及变化趋势分析

● 变动成本波动性大的型号分析。

一旦完成了体现每个型号变动成本波动趋势的可视化，就可以确定哪些型号的变动成本具有大的波动性。根据图 8-13，孙奕得到标汽、飞达、丰悦、华运、吉达这五种型号的变动成本波动性大的结论。

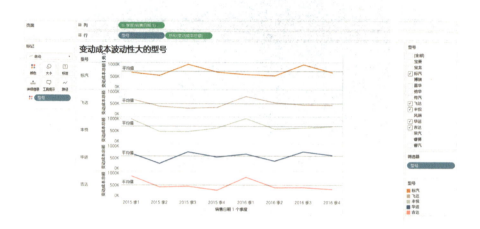

图 8-13　变动成本波动性大的型号分析

● 各渠道当前的边际贡献分析。

孙奕以 Tableau 可视化表格的形式汇总了销售渠道边际贡献，然后使用颜色来区分高边际贡献和低边际贡献的差异，深色表示的是具有更高边际贡献的渠道，如图 8-14 所示。

图 8-14　各渠道当前的边际贡献分析

● **财务分析仪表板。**

孙奕通过单击 Tableau 工具栏中的"仪表板"创建仪表板，财务分析模块的可视化图表都列示在空白仪表板页面的左侧，单击并将可视化效果拖到仪表板中，然后根据需要编辑图表的大小即可形成如图 8-15 所示的财务分析仪表板，供哈斯汽车的管理层进行财务分析。

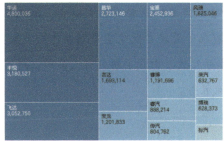

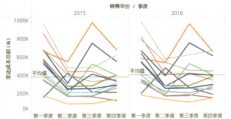

图 8-15　财务分析仪表板

根据此财务分析仪表板，哈斯汽车的管理层可以对品牌下各个型号的边际贡献、变动成本、变动成本的波动性等情况进行实时监控，并寻求提高公司经济效益的途径，也能够把控公司未来财务发展的趋势。

（3）经营分析

● **各加装选项销量分析。**

顾客在购买汽车时有很多选择，各加装选项销量分析（如图 8-16 所示）有助于哈斯汽车的管理层迅速看出最畅销的加装选项为高级收音机。

图 8-16　各加装选项销量分析

● 汽车出售前仓库存放时间分析。

汽车出售前在仓库的存放时间对哈斯汽车的运营有很大影响，因此了解这些汽车销售前在仓库停留的时间有助于管理层做从生产到销售的决策。图 8-17 展示了汽车在仓库内平均的库存天数，由此了解到长汽品牌在所有品牌中销售速度最慢（库存天数总和最长）。

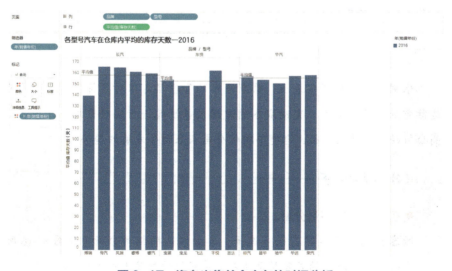

图 8-17　汽车出售前仓库存放时间分析

● **经营分析仪表板。**

经营分析仪表板（如图 8-18 所示）不仅展示了前面讨论过的可视化效果，还展示了各型号汽车在仓库的库存天数年度对比数据。经营分析仪表板可供哈斯汽车的管理层实时查看经营情况。

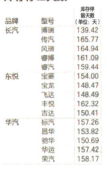

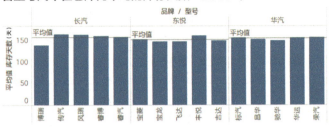

图 8-18　经营分析仪表板

根据此经营分析仪表板，哈斯汽车的管理层可以从不同角度分析企业的经营状况，更好地制定公司的经营战略，针对在库时间过长的汽车型号进行原因分析，或是针对销量较低的加装选项举办促销活动。

（4）预测分析

由于预算和产品团队需要利用预测分析来了解未来至少三个季度的销售和边际贡献情况，因此孙奕需要利用 Tableau 做出预测分析。首先，孙奕要选择销售日期变量，并在 Tableau 提示时选择"季度"；选择预测变量后，在工具栏上选择"分析"，然后选择"预测"，在弹出的选项中选择"预测选项"，出现如图 8-19 所示界面。

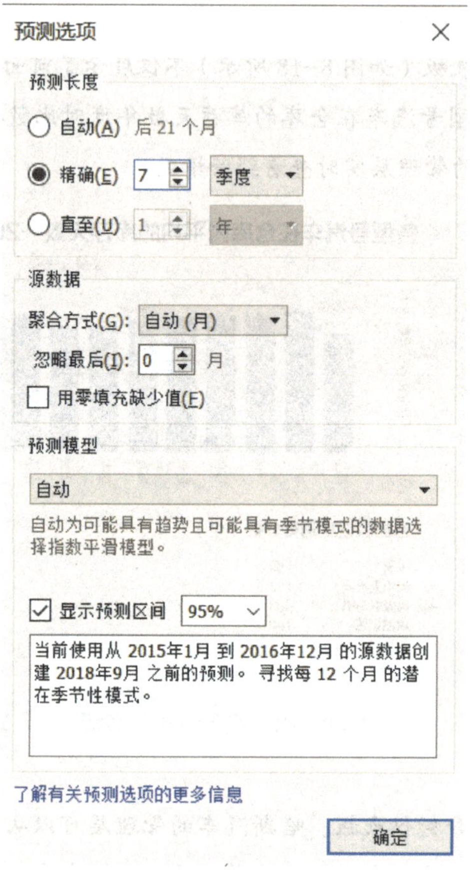

图 8-19　预测选项界面

在图 8-19 所示界面中，将对销售量和边际贡献预测的季度数量设为 7。

● 未来四个季度销售量的预测。

孙奕使用 Tableau 的预测分析功能进行未来七个季度销售量的预测，根据管理者需求，着重看未来四个季度销售量的预测，如图 8-20 所示。

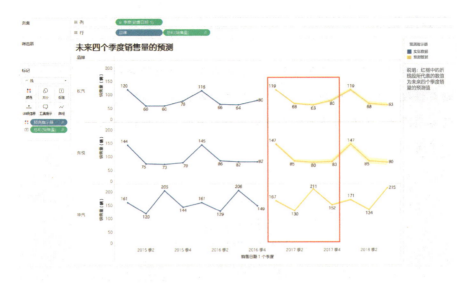

图 8-20　未来四个季度销售量的预测

● 未来四个季度边际贡献的预测。

孙奕使用 Tableau 的预测分析功能查看未来四个季度边际贡献的预测，如图 8-21 所示。

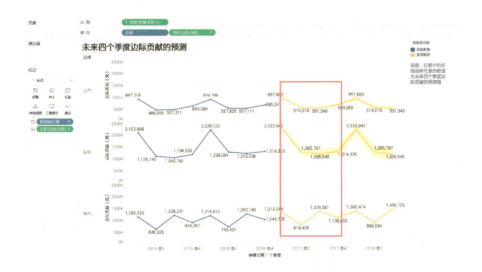

图 8-21　未来四个季度边际贡献的预测

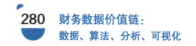

沟通结果

孙奕编制了一个关于绩效分析、财务分析、经营分析和预测分析的联动数据仪表板，并编制了一份业务报告，在报告中清晰简要地阐明了分析的各项问题。孙奕将业务报告连同数据仪表板一同发送给张楠，双方约定于下周一详细会谈，进一步讨论相关结果。

案例小结

数据分析与数据可视化对大多数企业来说日益重要。首先，案例明确了哈斯汽车主要的分析需求，获取了来源于多个渠道的大数据集，并对错误和异常数据进行处理。其次，分析师使用 Tableau 进行数据可视化分析，为哈斯汽车的四个重要的绩效维度（绩效分析、财务分析、经营分析和预测分析）分别构建数据仪表板，从而帮助哈斯汽车制定"数据驱动"的经营策略。

本案例模拟了真实的咨询项目全过程，通过详细展开需求分析、采集数据、清洗数据、数据分析与可视化、沟通结果这一系列过程，帮助读者理解实际业务情境下数据分析与可视化的全流程，并详细讲解了使用 Tableau 的步骤，帮助读者掌握可视化工具的使用方法。

重塑 DT 时代的财务
价值

当市场环境和竞争格局日益复杂多变，当变革和不确定成为企业发展新常态，当新一代信息技术发展推动全球步入 DT 时代，机遇、挑战无处不在，数字化转型由业绩突破的增分项逐渐变成企业在数字化环境中生存的必选项，企业迫切需要以数据为根基加快数字化建设，实现业务敏捷运营、需求灵活响应、管理智能决策、生态协同共赢。然而，转型之路必定充满艰辛，因此企业越来越期望财务能够提供更加及时、有效的信息以帮助企业获益，而财务也将凭借天然的数据优势及创新技术应用为企业转型升级提供诸多助力。

【变革】

科技正在重塑社会生活的方方面面，我们正处于从 IT 走向 DT 的变革时代。过去 IT 的发展使得企业信息化建设日益成熟，流程效率大幅提升。未来 DT 的应用则进一步促进工具革命和决策革命，将大大提升决策效率，推动企业走向数据驱动管理新时代。DT 时代，当数据无处不在，且数据作为关键生产要素的重要性愈加凸显时，那些被忽视的数据将重新迸发活力，为企业管理变革注入全新血液。

数据规模的不断扩大和数字技术的不断进步同样催生了财务的新一轮变革。作为企业经营管理的重要部分，财务职能和财务工作方式将被重塑。财务部门需要更加关注数据的深度应用，运用数据思维为企业管理提供决策支持，完成从传统记分员向业务合作伙伴及价值引领者的角色转变。其实数据分析在财务部门并不少见，早在 20 世纪 80 年代，许多财务部门就开始利用数据来说明发展趋势或过往的绩效表现[①]。然而，在技术发展日新月异的今天，随着数据量的不断增加、算力的不断增强、数据分析工具的不断多元化，数据发挥的作用将不再局限于反映过去，财务部门将通过数据分析提供更具战略前瞻性的见解。未来随着海量企业数据和信息汇总于财务部门，如何能够让数字技术在财务部门大放光彩、如何能够更快处理更多数据并迅速转化为深刻见解、如何能够深挖数据价值为推动公司成功发挥更大的贡献，成为财务组织重构新型财务价值体系以应对 DT 时代的财务变革所需要认真思考和正视的问题。

【破局】

面向 DT 时代的财务革命，为给财务部门重塑新时代的财务价值提供方法，本书提出了数据价值链这一概念。数据价值链指财务需要面向业务需求，有针对性地提取、组织并利用数据，从而盘活数据资产、开发数据功能、发挥数据价值，通过科学直观的视觉表现形式清晰传达数据分析结论，实现数据向信息、知识、智慧的逐步升华，最终赋能企业经营决策的一系列过程。

如果将数据价值释放的过程比喻为厨师烹饪美味佳肴，那么数据价值链则搭建了从业务需求分析（点菜）、数据采集（买菜）、数据清洗（洗菜）、数据探索（切菜）、数据算法（炒菜）到数据可视化（摆盘上菜）的完整操作链条，通过明确数据价值链六大步骤的内涵、业务场景、实现工具等内容，比如财务数据源的分类、不同情景下的数据采集形式、不同类型"脏"数据的清洗方法、不同决策场景下的算法应用、不同应用场景的可视化形式等，为企业全量数据价值释放提供规范及科学路径，提升财务价值创造能力。

当然，在助力企业用对数据、用好数据、实现破局、获得新发展的过程中，仅仅关注数据价值链还不够，完善的数据治理体系和具体的决策场

[①] ACCA,CA ANZ. 财会分析工具 [R].2020.

景同样重要。不以准确可靠数据为前提的数据分析是无法有效服务于企业管理需要的，不以服务于具体决策场景为目标的数据应用是无法落实到真实业务实践中去的，三者共同构成了完整的数据价值体系。其中，数据治理体系是数据发挥价值的基础，数据价值链是数据发挥价值的途径，决策场景是数据发挥价值的场景，三者共同推动财务在监控评价、分析预测等方面发挥更大作用，实现财务数字化转型。

【未来】

财务的未来是数字化的。财务数字化是企业数字化在财务领域的应用，也是企业数字化的重要组成部分。财务数字化需以数据价值体系为基础，完成从工具自动化到决策自动化、从业务流程到应用场景、从数据共享到驱动共享、从信息录入到实时无感、从 IT 到 DT 的五个转变，实现业务处理更加自动、财务分析更加智能、管理决策更加智慧。

按照财务的职能，财务数字化包括四个层次：财务会计数字化、管理会计数字化、业务支持数字化与决策支持数字化。

（1）财务会计数字化

财务会计数字化是在财务基础业务中，通过新兴技术应用，提升财务工作质量与效率，同时，扩大数据采集范围并提高数据采集时效，为更深入的数字化应用提供数据基础。在过去，财务共享服务中心的成立使得财务基础核算工作实现了专业化、标准化、流程化、信息化；未来，借助新一代数字技术，会计基础工作将会进一步"消失"，核算、资金、税务等财务基础工作将实现自动化、智能化。

（2）管理会计数字化

管理会计数字化是利用数字化手段，实现对管理活动的合理及准确量化，通过系统性的规划、控制、评价与决策过程，发挥管理职能并提升管理效能。DT 时代下，管理会计的价值可以得到更大发挥，传统的财务在算力、算法的赋能下将成为企业的"超算中心"。财务可以在预算管理、绩效管理、成本管理、风险管理、投融资管理等多项管理会计活动中，利用数字化手段优化规划、控制、评价与决策过程，进而实现管理创造价值这一根本目标。

（3）业务支持数字化

业务支持数字化是在财务深度参与业务价值链的过程中，通过业财一体化运营，全面采集业财数据并发挥数据价值，支持业务管理与发展。财务需要围绕业务发展需求，深入企业的研发、采购、生产、销售等业务循环中，主动赋能业务，梳理业财交互节点，帮助业务团队理解公司战略目标及规划，同时，面向业务需求提供数据与算法，引导业务管理团队提升决策中的商业分析和判断能力。

（4）决策支持数字化

决策支持是数字化赋予财务的全新使命。财务需要立足于企业层面的战略布局和管理需求，通过不断迭代算法，集聚算力，强化预测与洞察能力，驱动决策制定。决策支持数字化通过编制中长期滚动经营预测，支持企业战略规划、战略投资管理以及战略执行评价，同时搭建企业经营价值体系，以数据指标抽象化核心管理需求，进行多维运营分析，强化支持业务实战、深入经营、具有战略高度的财务能力。